だいわ文庫

仕事と勉強の成果が変わる!

東大超速集中力

西岡壱誠

大和書房

はじめに
偏差値35から東大に合格した超速「集中力」

みなさんは、集中力はあるほうですか？

『東大超速集中力』という本を手に取ってくださっているということは、だいたいの方は「あまり自分は集中できないほうだ」とか、「最近、集中力が落ちてきてしまったんだよな」とか、集中力についてなんらかのお悩みがあるかと思います。

多分、集中しようと思ってもなかなかできないとか、やっている最中にどんどん集中力が落ちてしまうからこの本を手に取っているのではないでしょうか？

その悩み、僕は非常によくわかります。

何を隠そう僕の小学校の時のあだ名は「三日坊主」。

何かを継続して、集中して取り組むことが難しかった人間なのです。

勉強にも、スポーツにも、読書にも集中できず、何をやっても中途半端で、何も長続きしない……集中力がない、典型的な「ダメな子」が僕でした。

無理して集中しても結果はでない

しかし、そんな「ダメな子」だった僕は、ひょんなことから東大を目指すことになりました。

当時（高校2年生3月時点）の偏差値は35。

勉強の習慣なんて皆無ですし、「集中して勉強しよう！」としても15分も経ったら「疲れたー！　休みたい！」となってしまう人間でした。

その当時の僕は、「集中」と聞くとどうしても「長い時間、1つのことをずっと続けなければならない、辛く苦しいもの」というイメージがありました。

だから勉強を始めてもゲームがやりたくなるし、15分も勉強したら疲れて「もうやりたくない」と思ってしまうのです。

それでもどうにかこうにか、だましだまし、自習室に行ってゲームができない空間を作り出したり、課題を終わらせるまで眠れないようにしたりして、無理やり勉強に集中せざるを得ない状況を自分に課して、1年間勉強を続けました。

結論から言うと、落ちました。

東京大学に、惜しくもなんともなく、ふつうに落ちてしまいました。

「まだまだ勉強が足りなかったんだ！　もっと自分に対してストイックになって勉強しよう！」

そう考えて、浪人を決意し、もう1年頑張りました。

御察しの通り、また落ちました。

今度もまた、惜しくもなんともなく、ふつうに落ちてしまいました。

「いったい、何がダメなんだ！」

途方にくれた僕は、一から自分の勉強法を見直し、自分のダメなところを洗い出そうとしました。

その過程で、東京大学に合格した友達や、東大志望で自分より成績のいい受験生など、多くの友達に「恥を忍んで頼むんだけど、どうやって勉強してるのか教えてくれない?」「後生だから、ノートを見せてくれ」と頼み込みました。

優秀な東大生に共通した「集中の秘密」

そして僕は、自分が考えていた「集中」というのがぜんぜん違うことに気が付きます。

ちゃんと結果を出した友達の中に、「長時間耐える集中」をしていた人なんて1人もいませんでした。

それよりも、適切なタイミングで休みを入れながら、楽しみながら無理することなく集中している人が多かったのです。

× **耐える集中**

ではなく、

○ **楽しむ集中**

を彼ら彼女らはしていて、そのためのテクニックを熟知していた。

だからこそ、無理せず結果も出せるし、無理なく続けられる。

そんな集中をしている人に、はじめから僕が敵うわけがなかったのです。

そこから僕は、彼ら彼女らのテクニックを真似して、自分なりに改良して、自分なりの集中術を作り上げました。

この**「東大式集中テクニック」**で無理なく集中を続け、結果東大模試4位になって東大に合格することができたのです。

その後東大に入り、講談社モーニングで連載中の『ドラゴン桜2』という漫画の編集担当になり、年間100人以上の東大生の勉強法を調べる東大生チーム「東龍門」のリーダーとして活動していく中で、この「東大式集中テクニック」をブラッシュアップしました。現在ではこのメソッドを元に全国の4つの高校で勉強を教える「リアルドラゴン桜プロジェクト」を推進し、日曜劇場『ドラゴン桜』の東大監修も務めました。

はじめは「やる気が出ない！」「なかなか集中できない！」と言っていた子が、楽しんで勉強に集中できるようになっていく。

そしてそれを元に、多くの学生が勉強以外の面でも集中して何かに取り組む術を自分なりに作り上げていく……。

そんな様子を間近で見ることができるのは、僕としてもとても嬉しくて、そしてそんなやり方だからこそ、多くの方に知ってもらいたいと思い、この本の執筆を決意しました。

やっぱり、集中力というのはすごく重要なものです。

多くの人が考えている以上に、「集中」が必要になってくる場面は多く、逆に集中できないからうまくいかないというケースもめちゃくちゃあるのです。

東大生は「集中力が受験で一番大切な力」と回答

例えば、「東大生はなぜ東大生になれるのか?」という質問の答えも、「集中力」であると答えることができます。


実は、東大生の約6割は受験で大切なことは「集中力」と考えているそうです（2018年2月27日、ぺんてる「東京六大学卒業生・在学生調査」調べ）。

勉強時間が長ければ長いほど結果が出て、一番勉強時間が長かった受験生が東大に合格できる……というわけでは全くありません。

勉強時間が短くても合格する東大生もいますし、誰よりも机に向かう時間が長くても不合格になる受験生だってザラにいます。

なぜこのような違いが生まれるのでしょうか？

この答えこそが、「集中力」なのです。

圧倒的に集中して、1時間の効率をグッと上げて勉強しているために、東大に合格できるのです。

たしかに彼ら彼女らを側から見ていると、集中力が段違いだと感じることがあります。さっきまで談笑しながらおちゃらけていたのにもかかわらず、授業の時間や問題を解く時になると一瞬でふっと集中して、周りの音が何も聞こえなくなる……というような人が非常に多いです。

そして、集中してパパパッといろんなことを終わらせることができるのです。

そうやって、苦もなく適切なタイミングでスッと集中状態に入れる人というのは、やはり結果も伴ってきます。

集中力がある人間の方が、どんどん結果を出せるのです。

同じ1時間を過ごしていたとしても、全然集中できない人の1時間とすぐにものすごく集中できる人の1時間は全然違います。集中できない人の10時間を遥かに凌駕する勢いの1時間を過ごすことができるわけです。そう言う人は、他の人と比べて超速で結果を出すことができるはずです。

そしてこれから求められるのは、こう言う「前のめりで超速の集中力」です。ガッツで押し切ろうとする「耐える集中」ではなく、こうした、いかに効率よく勉強を進めていくかという「楽しむ集中」に他なりません。

「楽しむ集中」=「前のめり」な集中を目指す

例えば、みなさんが集中している時って、「集中しよう!」と思って集中しているわけではないと思います。

なんとなく、自然に、意識していないのに集中している……というパターンの方が多いはずです。

逆に、集中しようと思って集中できる人って少ないんじゃないですか?

いつの間にか、集中しているものですよね。これは、**「自然と前のめりになってい**

る」からこそ集中できるということに他なりません。

楽しむ集中とは、言い換えれば「前のめり」な集中であり、東大生が優れている集中力の正体。この本でご紹介するのは、そういう集中です。詳しくは第0章からご紹介します。

さて、この本のタイトルが『東大超速集中力』なので、

「東大生のやっている超速の集中なんて、本当に自分に身につくんだろうか？」
「集中力がないからこの本を読んでいるわけだけど、もともとできる人の集中術しか書かれていないんじゃないか？」

と不安な方もいるでしょうが、大丈夫です。

もともとぜんぜん集中力がない、偏差値35だった自分の集中テクニックがベースとなった本なので、誰でもできること間違いなしです。

また、本書では勉強以外のことでも、仕事でも読書でも、どんなタイミングでも使える集中テクニックをみなさんにご紹介します。

この本を読んで、ぜひ実践してみてください！

東大超速集中力　Contents

第0章 集中に必要なのは「前のめり」になること

第1章 「前のめり」になる対象を明確化する

第2章 「前のめり」を保ち続ける方法

第3章 「前のめり」かどうかをチェックする

「自分のタイプ」をチェック

詳しくは第1章からお話ししますが、
無理なく集中できるようになる秘訣の1つは、自分に合ったやり方を見つけることです。
そして、自分に合ったやり方を見つけるためには、自分がどういうタイプの人間なのかを知る必要があります。
「自分のタイプ」を理解するために、それぞれの質問に答えてみてください。

右脳タイプ  or 左脳タイプ 

Q1 人から褒められるとき……

Ⓐ「面白かった」「嬉しかった」と感情をぶつけられると嬉しい
Ⓑ「何が良かったのか」を、言葉にして論理的に褒められると嬉しい

Q2 人から何かを説得されるとき……

Ⓐ「みんなが困っていて君にしか頼れないんだ」と、感情的に説得されるとやる気が起きる
Ⓑ「君の将来のためになる」と、合理的に説得されるとやる気が起きる

Q3 なんらかの行動をするとき……

Ⓐ「楽しそう」なことの方がやりたい
Ⓑ「これをすればこうなる」というのが見えている、論理的に納得できることがやりたい

Ⓐ が多ければ、**右脳**タイプ　　Ⓑ が多ければ、**左脳**タイプ

慎重派  or 行動派 

Q1　人から「その仕事、なる早で!」と言われたとき……

Ⓐ「なるべく、なんだから1日くらい早めればいいんじゃない?」と考える

Ⓑ「本当に、直近でおわらせないと!」と考える

Q2　何かの仕事があるとき……

Ⓐあらかじめその仕事のスケジュールを決めて、いつまでに終わらせてどれくらい頑張るかを決めてから仕事をすることが多い

Ⓑスケジュールを決めずに、とりあえず自分の気分に合わせてガンガン仕事をしていくことが多い

Q3　夏休みの宿題は……

Ⓐ1日ずつコツコツやりたいタイプだ

Ⓑまとめて一気にやってしまうタイプだ

Ⓐ が多ければ、**慎重**派　　Ⓑ が多ければ、**行動**派

努力型  or 効率型 

Q1　成績を上げたいとき……

Ⓐとりあえずがむしゃらに勉強して成績を上げようとする

Ⓑ成績を上げるためにはどうすればいいか考えて、自分なりに方法を模索する

Q2　上司から「やって!」と言われた仕事は……

Ⓐ上司の命令なので、意味なんて考えず終わらせる

Ⓑやる意味を感じないことはやりたくない

Q3　何か達成したい目標があったとき……

Ⓐ最大限努力して最大の結果を出したい

Ⓑ最小限の努力で最大の結果を出したい

Ⓐ が多ければ、**努力**型　　Ⓑ が多ければ、**効率**型

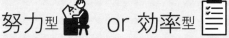

集中に
必要なのは
「前のめり」に
なること

「集中」するために頑張る必要はない。
頑張らない集中＝
「前のめりな集中」こそ、必要である。

第0章

東大生は「前のめり」に集中する

「集中する」＝「頑張る」ではない

　さて、僕はまず「なぜ集中するためには『前のめり』になることが必要なのか？」ということをみなさんにご説明させていただきたいのですが、その前に1つ、言っておかなければならないことがあります。

「集中する」というのは、「頑張る」ということではありません。

　はじめにでも少しお話ししましたが、耐え忍んで頑張ることを「集中」とは言わないのです。

僕も昔はそうだったのですが、「集中して勉強する！」とか「集中力を働かせて頑張ろう！」という言葉を使うと、どうしても何か「我慢強く頑張る」という感じがしてしまいます。

「集中しよう！」という言葉と「頑張ろう！」という言葉を同義で使っている人って意外と多いのではないですか？

真の「集中」というのは、無理をしないこと。

我慢せず、無理をせず、しかし自然にそういう状態になっていること。

つまりは「頑張らない集中」こそが真の集中なのです。

例えば、みなさんの好きなことはなんでしょうか？

一つ頭に思い浮かべてみてください。

思い浮かべましたか？

では、それを実践している時の自分を想像してみてください。

どうでしょうか?

好きなことに没頭している自分は、無理をしていますか? 我慢していますか?

そんなことはないはずです。好きだからやっていることは、なんの無理もなくごく自然に、「頑張らずに」集中できているはずです。


すごく不思議な話なのですが、東大に合格する人に「めっちゃ勉強頑張ったんだね!」と聞いても、微妙な反応ばかり返ってきます。みんな、「いや、そんなこともないよ?」と答えるんです。


では彼らが「頑張って」いないのかというと、それは違います。

調査したところ、東大合格者の平均的な勉強時間は、授業の時間を入れずに週50時間。学校の行き帰りの間の勉強時間も加味した数字ではありますが、それでも平日5時間・休日13時間ほどの勉強時間というのは生半可ではありません。

それだけの勉強時間をもってしてもなお、彼ら彼女らは「めちゃくちゃ頑張ったわけではない」「無理して勉強した覚えはない」と答えるのです。

この事実が示すのは、

集中力　≠　忍耐力

ということです。

僕は今からみなさんに、「どうすれば集中できるのか？」という話をするわけですが、その時に**大事にしてもらいたいのは「頑張ろう！」という気持ちを捨てていただきたいということです。**

この本で示すのは、「頑張らない集中」です。その方が、東大生が週50時間を「頑張らずに」勉強しているように、無理なく続けて結果も出すことができるのです。

すごく当たり前の話ですが、無理は続きません。

一夜漬けしても次の日は眠くなってしまいますし、エナジードリンクを飲んでもそれが効くのはせいぜい一晩だけです。

頑張らない集中　＝　真の集中

まずはその意識を持ってください！

集中力とは「脳を稼働させる」こと

さて、「真の集中は頑張らないことだ」という話をしたのですが、こうお話しすると、こんな風に考える人もいらっしゃるかもしれません。

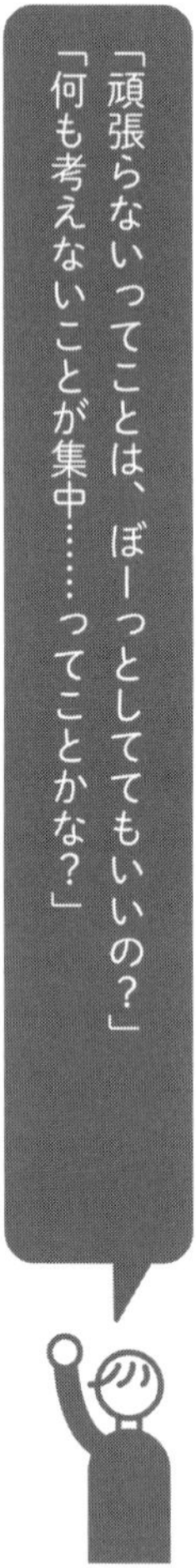
「頑張らないってことは、ぼーっとしててもいいの？」
「何も考えないことが集中……ってことかな？」

と。

実はこれは違います。

「集中している状態」と「集中していない状態」の違いというのは、「頭を動かしているかどうか」で決まるのです。

例えば、集中できていない状態のことを思い出してください。

勉強している時でもパソコンに向かって仕事をしている時でも、他のことが気になったり、何か目の前のことに頭を切り替えられない。

そんな状態の時には進捗も遅くなったりして、「集中できていないな」と感じると思います。

逆に、集中できている状態というのは、時間を忘れて目の前のことを考え続けられる状態ではないでしょうか。

スポーツでも勉強でも仕事でもそうですが、目の前のことしか考えられない状態になった時こそ、集中できている状態。そうなれば、先ほど言った通り「無理をしている」という感覚なく、続けられると思います。

両者を分けているのは「脳の稼働」です。

どれだけ目の前のことのために脳の容量を使えているのか。

これが「集中状態」と「非集中状態」を分けているのです。

よく、**「何も考えずに没頭する」という言葉を使いますが、これは「『他のことは』何も考えずに没頭する」ということ**です。

単純作業をしている時だって、目の前の作業のことしか考えていないから集中できるわけですよね？

実は、脳が動いているか動いていないかで集中ははっきり分かれるのです。

そして、そのためには、無理をしてはいけません。

脳が疲れているのに無理やり集中しようとか、他に大きな心配事があるのに頑張って集中しようとか、そういうのは不可能なんです。

もしかしたら短期的には可能かもしれませんが、長続きはしません。集中にとって大切な「脳の稼働」を放っておいていることに他ならないからです。

集中は、非合理的でもある

「脳の稼働」、なんて言葉を使うと、もしかしたら「集中って、すごく合理的な行為なんだな」と感じた人もいるかもしれません。

しかし実は、そんなことはありません。この「集中」というのは、非合理的な行為でもあるのです。

なぜなら集中は、ある一面では「脳を騙す」ということでもあるからです。

例えば、です。

次のうち、「真剣に取り組みたい！」と思うのはどちらでしょうか？

・30分頑張れば100万円もらえる課題
・30分頑張っても1円ももらえない課題

みなさん、「前者だ！」と答えるでしょう。

そりゃ100万円欲しいですし、同じ努力量なら多くお金がもらえた方がやっぱりモチベーションが上がります。

誰だってそうします。僕だってそうします。

しかし、事実として人間は、1円ももらえなくても頑張ることだってあります。

ボランティアに積極的に参加する人だっているし、将来の役に立つことが少ない部活でも本当に一生懸命頑張る学生だっています。

こんな風に、人間の努力や集中には、実は非合理的な要素が含まれているのです。

最新の脳科学の研究でわかったことなのですが、人間の脳には**「島皮質《とう》」**と呼ばれる器官が存在し、ここの働きが活発な人は集中して努力し続けることができないという事がわかりました。

この器官はどういう器官なのか？

それは、「損得勘定を計算する」という器官です。「報酬が少ないよ」と言われるとこの器官が活発に働き、人間を怠惰にします。逆に、「報酬が多いよ」と言われるとこの器官はあまり働かず、努力量が増えるようになります。

こんな器官があるのに、どうして人間は報酬の少ないところで集中できるのか？

それは、この器官は騙せるからです。

島皮質が「そんなことしてもムダだ！」「それは面倒だからやめようよ」とブレーキをかけるのを、人間ははねのけることができるのです。

例えば1円ももらえないボランティアでも、人から「ありがとう」と言ってもらえるなどの別の報酬が生まれれば集中してやる気が生まれるかもしれない。

賃金の低い単純労働でも、なんとなくその労働に楽しさが生まれれば、それが報酬になって集中に繋がることもあります。

そして何より、「好き」というのは論理や合理を軽く超えてしまいます。なんの報酬もない分野でも、そこに自分の「好き」があれば、「楽しい」と思える要素が見つかれば、いくらでも頑張れてしまう。

合理的な判断をさせてくる島皮質を騙すことができるわけです。合理的なだけが集中ではありません。非合理の中にもまた集中はあり、そしてそういう非合理的な集中の方が、実は効果がある場合が多いです。

東大生も、「勉強が好きだ」と答える人間の数はやっぱり多いです。勉強がつまんなくて、受験勉強が嫌で嫌で仕方なかった、という東大生の数はやはり少ない。だからこそ、「無理して勉強した」という感覚が薄いのかもしれません。

また、「非合理的な集中」というのは、これからの時代で求められてくる要素です。

なぜなら、合理的な行動というのはＡＩでも代替可能だからです。

非合理的な行動も取るというところに、人間の人間たる所以があります。

さて、ここまでの話を聞いて、もしかしたらみなさんの中にはこんな風に思っている人もいるかもしれません。


「なんだ、やっぱり勉強を好きになれるようなやつが東大に合格できるんじゃん」

「好きでもないことは、やっぱり集中できないんじゃん」

と。
そう、これこそ大いなる誤解です。

多くの方が、「好きになれなきゃ集中できない」と勘違いしています。

そんなことはありません。実は、好きになれなくても、嫌いなことでも、集中するための方法があるのです。

何を隠そう、それこそが、

「前のめり」

「前のめり」になることでこそ、集中力が持続するのです。

東大生が持つ「前のめり」な姿勢

前のめりな状態というのは一体どういう状態なのか。

それを解説する前にみなさんに質問なのですが、みなさんが最近「前のめり」になっている瞬間っていつでしたか？

びっくりするようなニュースがテレビから流れてきた時でしょうか？

続きが気になる漫画の最新刊を読んでいた時でしょうか？

それとも、見たかった映画や好きな音楽バンドのライブが始まった時でしょうか？

人は、びっくりした時や興味のあるものを目の前にした時、自然と身体を前に傾けて、食い入るように見ることがあります。


誰に言われたわけでもないのに、強い興味を持った時に誰もが少しでも対象と距離を近付けようとする反応。


これが「前のめり」です。

みなさんも、「前のめり」になって人の話を聞いたり、「前のめり」気味に人に話したりしたことというのがあるのではないでしょうか？

この時みなさんは、多分「前のめり」になっているなんて意識はないと思いますし、おそらくは非常に集中できていたのではないかと思います。


東大生が優れているのは、この「前のめり」の姿勢です。

教授の話を聞く時、問題を解く時、文章を読む時、人に何かを話す時……。実は、東大生は「前のめり」になっていることが多いのです。

例えば授業の際には椅子の腰掛けから腰を浮かせて、上半身を曲げながら、小さく頷きながら教授の話を聞く学生が多いです。

そしてそういう学生は必ず、集中しています。自ら何かを頑張って集中状態になったのではなく、自然とそうなっているのです。

僕らが目指すべきは、この状態。「前のめり」になっている状態なのです。別に好きだから集中しているわけでも、無理して頑張っているわけでもないけれど、脳が勝手に動いている状態。

この「前のめり」が実現すると、誰でも自然と集中することができるのです。

前のめりとは「能動的な姿勢」である

ではなぜ、前のめりになっていると集中することができるのでしょうか？

それは、前のめりな状態というのが**「自然に能動的になっている状態」**だからだと僕は思っています。

前のめりな状態というのは、相手や対象にこちら側が強い興味を持っている状態です。それも、「聞こう！」と意識して決意しているわけではなく、ただ「相手の次の言葉を是非聞きたい！」とか、「次にどんな話が聞けるか気になる！」とか、無理なくそういう状態になっていることを「前のめり」だと定義できます。

そして、**「好き」と「前のめり」は違います**。

「前のめり」とは能動的になっている状態であって、楽しんでいる状態と同義ではありません。

たしかに好きになった物事の方が興味がそそられる……ということはあるでしょうが、しかしだからといって、「好きなもの」でないと集中できないというのは間違っています。

別に、楽しさを感じていないことに集中することだって普通にあります。「話が面白いから」といって前のめりで話を聞くこともあるでしょうが、「これ聞かなかったら自分は損をするんじゃないか」「この話を聞いておくことで、何か自分にとってプラスなことがあるかもしれない」という損得勘定や、「ここで話を聞いておかないとライバルと差が開いてしまうかも！」といった競争意識、単純な興味や怒り……。

「前のめり」になるためのトリガーは、「楽しいから」以外にも多く存在しているのです。

これは実は、人が学ぶ時に一番大切な姿勢だと言われています。この姿勢がある学生は成績が上がりますし、逆にこの姿勢がない生徒というのはいつまで経っても成績が上がりません。

「授業を受ける」は英語にすると○○

唐突ですが、「授業を受ける」というのを英語ではなんと言うかみなさんはご存知でしょうか？

この答え、実は多くの人が勘違いしています。

例えば高校生に尋ねると、毎回「Hear（聞く）」だとか「Listen（聴く）」だとか

「Accept（受ける）」だとか、色々な回答が聞けて面白いのですが、全て違います。

正解は、

「Take a class」です。

「Take」というのは「取る」という意味の英単語。つまり「授業」というのはもともと「取りに」行かなければならないものなのです。

どんなに先生がいい授業をしてくれたとしても、ためになる話が聞けたとしても、授業を受ける側が授業に対してなんの興味も持っていなければ絶対に成績なんて上がるわけがありません。

先生の話を「ふーん、そうなんだー」と右から左に流してしまうのではなく、ちゃんと授業に対して興味を持って「なるほど！」と自分の中で納得できるぐらいまで理解を深めたり、「でも、これってどうなんだろう？」と疑問を持ってみたり、そういう姿勢が非常に大事になってくるのです。

これを別の言葉で表現すると、「受動的」と「能動的」という対比で説明できます。

ただ「ふーん」と聞いている状態というのは「受動的」な状態です。相手の話に対して深い興味を持っているのではなく、ただぼんやりと聞いていて、自分から動こうとしない状態です。英語で言えば「Hear」であり「Listen」な状態なのでしょう。

逆に、「能動的」な状態というのは、自分の方から前のめりになって話を聞き、自分の意見や自分の疑問を持って先生の授業を聞いている状態です。

この状態で話を聞いている子は授業もあっという間に終わりますし、能動的に勉強できている状態です。まさに「Take」の姿勢をしていて、だからこそ集中できているわけです。

「前のめりな集中」に必要な3ステップ

「前のめり」とは「自然に能動的になっている状態」だと先ほどご説明しましたが、それはこの「Take」が自然とできている状態のことを指します。

目の前の物事に対して、無理なく「能動的」になる必要があるのです。

ここからこの本でお話しする集中力の理想形は、この「前のめり」という状態です。「前のめり」＝「自然に能動的になっている状態」になるための手段をご紹介します。

勉強する上でも人の話を聞く上でも、仕事をする上でも本を読む上でも、どんな時も共通する「集中の仕方」。

東大生をはじめとする集中力が持続する人のノウハウを、ご紹介していきます。

この「前のめりな集中」をするために必要なのは3つ。

1つ目は「目標の明確化」です。

「前のめり」になるためにはまず「何に対して」前のめりになるかを決めたほうがいいですから、対象を明らかにする必要があります。「前のめり」になるための目標を明確化するテクニック……これを、第1章でご紹介します。

2つ目は「モチベーションの維持」です。

「前のめり」になり続けるためには、その「前のめり」の姿勢を保つようにしなければなりません。「前のめり」の状態を保つためにモチベーションを高い状態で維持するためのテクニック……これを、第2章でご紹介します。

3つ目は「チェック」です。

自分で集中していたと思っていても、実はそんなに集中できていなくて全然進捗してないことってありますよね。

自分が集中できているかいないかを確認し、別の「自分が集中できる方法」を模索してみることで、より深く集中できるようになります。

そのための手段が「チェック」です。「自分がどういう時に集中できるタイプなのか？」「集中するためには、どう自分の行動を修正すればいいのか？」そうしたことをチェックすることで、集中力がぐっと増大します。

そしてその「チェック」のためにアウトプットを活用するテクニック……これを、

第3章でご紹介します。

前のめりな集中

①目標の明確化

▼

②モチベーションの維持

▼

③チェック

この3つを身につけていただければ、誰でも目の前のことに自然と能動的になっている、「前のめりな集中状態」を身につけることができます！

第0章のPoint

- ✔ 集中したい時に「頑張ろう」という気持ちを捨てる
- ✔ 「前のめり」とは「自然に能動的になっている状態」のこと
- ✔ 前のめりな集中に大切なことは3つある
  ①目標の明確化」
  ②「モチベーションの維持」
  ③前のめりかどうかの「チェック」

「前のめり」になる対象を明確化する

1つの物事に完全に集中するために
大切なのは、
「目標の明確化」をして、
1つの物事以外の「切り捨て」をすること。

第1章

1 「目標の明確化」が集中に効く！

明確化のための必須行動は「切り捨て」

みなさん、「集中する」ってどういうことだと思いますか？

僕は先ほどから「脳が稼働している状態」だとか「時間を忘れて目の前のことに没頭している状態」だとか、いろんな言葉で「集中」を言い換えています。

おそらくみなさんの中でも、「集中」と聞いたときに想像するイメージというのはたくさんあって、そのどれもが正解なのだと思います。

しかし、実は「集中する」というのは、おそらくみなさんが想像すらしていないような、意外なものなのです。

実は「集中する」ことの本質というのは、

集中する　＝　切り捨てる

ことなのです。このイメージを理解していないと、うまく集中することができなくなってしまうのです。

「ん？　どういうこと？」という人がほとんどだと思うのですが、では、「集中」という漢字に注目してみてください。

「集」という字は、「集める」という意味です。集めるというのは、バラバラのものを1つのところにまとめることを指しますね。つまりは集中というのは、散らかった意識を真ん中の1箇所にまとめることを言うのです。

これってつまりどういうことなのかと言うと、集中というのはいろんなことをしたり、考えたりする状態ではないということです。

むしろその逆で、他の意識をシャットアウトして、何か1つのものを選んでそこに全ての意識を持ってくることなのです。

みなさんも経験があると思うのですが、蚊が飛んでいたり騒音がしたりするところでは、なかなか集中できませんよね？

それは、「他のものに意識が奪われてしまっているから」です。

音によって、本来集中するべきものに対して意識を回せていない状態だからこそ、こういうことが起こってしまうというわけです。

「1つの物事しか考えられない状態になっていること」こそが、集中の本来の姿。

1つの物事以外を切り捨てて、他の物事を考えられない状態にしたのが集中なのです。

そう考えた時に、「集中」するためには、そして「前のめり」になるためにはあることをしなければなりません。それがなんだか、みなさんはもうわかりますね？

……そう、

選択

です。

自分が何に対して集中したいのか、そしてそれ以外の何を切り捨てなければばな

らないのかを考えるという取捨選択の過程が、実は絶対的に必要なのです。

みなさんに質問したいのですが、「集中したい！」と考えてもなかなか集中できない時、もしかして「集中したい対象」が明確になっていないのではないですか？

例えば、「勉強に集中したい！」といっても勉強にもいろいろあります。

教科書を読み進めたいのか、教科書の内容を理解したいのか、それとも暗記したいのか、それが明確でないから集中できていないという可能性が高いのです。

逆に、すごく手っ取り早く集中するための手段としてあるのは、スマホやゲーム・パソコンなどの「集中状態を阻害する要因になるもの」を排除するというものがあります。

すごく原始的ですが、意外とこの方法は有効な場合も多いです。

なぜ有効なのかというと、注意力が散漫にならないから。集中を阻害する可能性のあるものを排除することで、1つのことに意識を向けられるようになるのです。

つまりは、集中するものを選んで、それ以外のものを切り捨てているということです。

集中するとは、**選ぶことです**。

具体的で、明確な「集中する対象」を選択し、それ以外を切り捨てる必要があるわけです。

「集中する対象の選択」＝「目標設定」すること

これを平たく言ってしまえば、「目標設定」をするべきだということです。

なんの目的で今、目の前のことに一生懸命頑張っていて、どういう目的を達成できれば成功になるのか、きちんと言える状態になっていると、「集中する対象」が見えているわけなので、どんな物事でも集中できるようになります。

しかし、そうしたことがしっかり見えている状態でない中でいくら頑張っても、他のことに気を取られたり、目的と違うところで意識を持っていかれたりして、あんまり効率が上がらないのです。

「とりあえず頑張ってみよう！」「いろんなことに対して集中しよう！」とするので

はなく、「これ！」と決めた何かのために一意専心するというのが、集中の本来あるべき姿なのです。

そしてそのためには、「目標」が明確になっていることが必要不可欠なのです。

とにかく目標を設定して、集中しなければならない相手の輪郭をはっきりと捉えること。

それによって、**いらないところに労力を割かないようにすること。**

これが必要なのです。

2 「目標設定」は、納得を生む

納得感がなければ集中し続けられない

「前のめり」という文脈でも、「目標」の重要性を語ることができます。

「何に対して前のめりになるか？」を決めるのが目標設定であり、この過程を経た後の方が、人間は前のめりな状態になりやすいのです。ここでキーワードになるのは、「納得」です。


僕は、**全てにおいて必要なのは納得感**だと考えています。

納得できていない状態では、本気で物事に取り組むことができず、また集中することもできないのではないか、と。

例えば、よく学生は「勉強したくない」ということを口にします。

「勉強は辛いし、集中力も続かない」と。

その気持ちは痛いほどわかるのですが、そういう学生に「じゃあ、君はなんで勉強しなきゃならないか考えたことある？」「勉強することに対して納得している？」と聞くと、答えはほとんどの場合NOです。

「意味も意義も感じないし、他の人から言われるから仕方なくやっている」というのがほとんどの場合の答えです。


第0章で僕は「報酬があれば脳は稼働する」といった話をしましたが、これと全く逆の状態だから勉強したくなくなってしまうのです。


納得できていないということは、自分が価値を感じていないということです。

それにもかかわらず集中しようというのは、脳の構造的にもう不可能なことなのです。

「なんとなく」始めたことは結局、続かない

例えば僕が、今からみなさんに「はい、じゃあバットを100回振ってください！」と言っても、実践する人はほとんどいないと思います。

でも、「100回振ったら1万円あげます！」と言ったらみなさんは喜んでバットを振るのではないでしょうか？

または、みなさんに実は「野球選手になる」という目標があって、そのためにバットを振る練習が必要であることに納得感があるのならば、苦もなくバットを振れるのだと思います。

両方とも、バットを振ることに対して価値を感じているからこそ、こういう行動が取れるのです。

これは「集中」においても同じです。

全く自分が価値を感じていないことに前のめりになって集中する……というの

は土台無理な話です。目標から逆算して納得が生まれている状態でないと、集中して何かに取り組むことなんてできないのです。

勉強したくないという学生は、そもそもなんで勉強しなければならないかを考えたことがないのです。考えて、「この職業に就くためには、この大学に行かなきゃならなくて、そのためには今のこの勉強は非常に役に立つはずだ」というような思考で納得感を得られる学生は、勉強に対して「前のめり」になれます。

自分が「こうなりたい」と思っていることや、自分がやりたいことに繋がるとなれば、自然とみなさんは能動的になれるはずです。

僕は第0章で「人間は、報酬がないことも行う」という話をしましたが、自分の中でその「報酬」に納得できているのであれば、はたから見ていて「意味がなさそうなこと」や「報酬があると思えないようなこと」であっても集中できるということはあり得る話です。

たとえボランティアであっても、お金がもらえない活動だとしても、「それで喜んでくれる人がいるなら」とか「これが自分の将来に繋がるんだ」とその活動に意義を感じていれば、前のめりにその活動に打ち込めて、集中できるようになるのです。

「自分の中で、その活動に対して一定の納得感があること」

これが「前のめり」な状態を作ってくれます。

逆にそうではなく、なんとなく「やらなきゃならないもの」「なんかいいことありそうな気がする」というくらいフワッとしていることには納得感がありません。目的が明確ではないのだから、考えてみれば当然です。

そしてそういうことは得てして、「なんかやる気出ないなあ」と前のめりになれないものです。「なんとなく」で活動していてなかなか集中できず、気持ちがフワフワしてしまって結局適当な感じで終わってしまう……という経験、みなさんも一度はしたことがあるのではないですか？

そうならないために必要なのが、「納得感」だというわけです。

だから、その「納得感」を得るために目標や目的をあらかじめ見据えておくことには大きな意味があるのです。

「前のめり」になるためには納得感が必要である理由、ご理解いただけましたでしょうか？

しかし、ここまでの説明でこんなことを思った人も多いはずです。

「どうやったら納得感って生まれるの？　自分はあんまり、納得できるイメージがわかないんだけど……」

「『目標設定』すれば納得できる、みたいなことを言っていたけど、結局適当な目標になってしまって上手くいかないのがオチなんじゃないの？」

この考え方は非常によく理解できます。

「じゃあ納得しよう！」って明日から自分の活動に全部納得を得ることなんてできな

いでしょうし、逆に「目標を作ろう」と思ってもなかなかできない場合も多いと思います。

それでも、僕は「目標を立てる」というのをオススメします。これで完全に納得感を得ることができないにしても、目標を立てることは非常に有効なのです。

なぜ、とりあえず目標を立てるべきなのか

「目標を立てよう」とするとき、私たちは何か目標になることを「選ぶ」必要があります。

「タスクを4つ終わらせる」なのか「本を2冊読み終える」なのか「10人の人に感謝される」なのかはわかりませんが、とにかく何か目標になるものを作るわけです。

この場合、それがどんなものであれ、その目標に妥当性があるのかないのかは置いておいて、「活動の目標」を自分で作ったことになります。

他の目標を立てることもできたのに、自分の中でなんらかの選択をして、それを目標に据えたということです。

つまりは、**目標を決める段階で、もう集中するために必要な「切り捨て」を行っているのです。**

3つでも4つでもいいのに、「5つ」という選択肢を選ぶ。1冊でも3冊でもいいのに、「2冊」という選択肢だけに絞る。他の道を断って、その道だけに専念する。これって、先ほどお話しした「集中」＝「切り捨て」のメカニズムと一緒ですよね。

ここで勘違いしないでいただきたいのは、「その目標通りに行くことなんて稀だ」ということです。

究極的に言ってしまえば、その目標通りに行かなくたって全然問題ないんです。そうではなくて、**「決めておく」という行為が、この「目標設定」の本質なんです。**

みなさんは、「決心する」という言葉を英語でなんと言うか知っていますか？

答えは〈determination〉です。

この言葉には「term」という英単語が含まれているのがわかりますね？

これは、「範囲を決める」「終わらせる」という語義を持つ英単語で、「第1ターム」「第2ターム」というとある一定の範囲の期間のことを示しますし、「ターミナル」というと電車やバスの始発駅・終着点を示します。

映画「ターミネーター」のタームもこれと同じで、あれは「全てを終わらせるもの」という意味であのネーミングがなされています。

「ターム」という言葉は、「範囲を決めて、何かを終わらせること」として使われているのです。

では、「determination」とは何の「範囲」を決めているのでしょうか？

答えは「心」です。

「決心」という言葉通り、「心を決めて」いるのです。

「どうしよう？」「どうすればいい？」という悩みを捨てて、フワフワして範囲が明確でないものを、「終わらせ」る。

ぼんやりとしていて定まらない思考を切り捨てて、範囲を明確にすること。これを「決心する <determination>」というわけです。

つまり、「目標を設定して、何をするかを決める」というのは、先ほどお話しした「切り捨てる」ということと同じなんです。他のことに意識を回さないで済むように、心の中にある他のことを切り捨てる。

そうすることで、何かに集中することができるというわけです。

僕も昔は、「なんとなく数学の勉強をしよう」とか「英語やろっかなー」みたいな感じで、目標なく勉強することが多かったのですが、それだと全然集中できませんでした。

逆に、「今日は3問問題を解こう」「英語のこの分野を完璧にしよう」とか、そういう具体的な目標を持って勉強することをした時に、非常に集中力が上がりました。

そして、**目標を持たないで漫然と何かをするというのは、受動的な状態**でもあると思います。

第0章で、「能動的な行動に価値があり、能動的な姿勢をすることで集中できる」

という話をしましたが、納得というのは自分自身が心からそう思えることが重要で、そのためには受動的ではなく能動的に自分で目標を立てることが必要になってきます。

そして、「目標を立てる」「決心して選ぶ」というのは、能動的に自分から選ぶということに他なりません。

例えばみなさんが上司から

・「これやっておけよ！」と言われてやった仕事
・「次はどうしようか」と上司と相談した上で自分で決めた仕事

どちらの方が身が入るでしょうか？

……多分、後者の方だと思います。

仕事自体は前者と後者で全く同じだったとしても、一緒に考えた上で自分が選択した方が、何倍も仕事のやる気が起きるはずです。

前者と後者でどういう違いがあるかというと、「自分で選ぶ」という過程です。

両方とも「仕事をする」という点では一緒でしたが、自分で仕事を選んだのか、他人に仕事をさせられているのかには大きな違いがあるのです。

前者の場合、例えばこれでその仕事があんまりうまくいかなかったとしても、全部上司が言ったことであれば、上司のせいにできます。

上の人から与えられたものだから、たとえうまくいったとしても納得も何もすることができません。

逆に、自分で選んでいる場合、責任は自分にあります。

この場合、上司のせいにはできず、ちょっとモヤモヤしても結局「まあ、俺が選んだものだから」と納得できるというわけです。

不思議なことに、前者は「他の人から強制される」といっても、その状況に身をおいたのは自分ですから、広義で言えば「選んで」その状況になっていますし、後者は上司も一緒に選んでいるんですから100%自分が自由に選んだわけではありません。つまり、両者の間にはそこまで大きい違いはないのです。

それでも、「自分が選んだ」という過程を経た上での方が、「自分」の責任を感じるようになり、納得感も得られるのです。

ここからわかるのは、人間はどんなに些細なことであっても、**「自分で選ぶ」という過程がある物事は自分に責任を感じ、納得感を得やすい**ということです。

逆に、この「自分で選ぶ」という過程がないままだと、集中して物事に取り組むこともできないのです。

選択というのは、実はそれくらいすごく特別なことなんです。

最近の研究でわかったそうなのですが、**人間は1日に選択できる物事の数があらかじめ決まっている**そうなのです。

だいたい３０００個くらいだとか。

アップルの創始者スティーブ＝ジョブズは同じ服を何着も買って毎日同じ服を着ていたそうですが、それは無駄な選択をしないで済むようにした結果なのだそうです。

無駄なことで選択をすることをなくし、より重要なところで選択できるようにする工夫だったのだとか。「選択」とはそれくらい、特別な力を持っているものなのかもしれません。

そう考えると「選ぶ」というのは自分から能動的に行う行動に他なりませんよね。自発的でなければ、選ぶということはできない。

能動的な方が集中できると何度もお話ししてきましたが、ほんの些細な選択であってもその効果は発揮されるのです。

そして決心や目標設定は、些細なことですが「自分で選ぶ」という過程に他なりません。

自分の中の複数ある「悩み」や「目標」の選択肢の中から、その1つを選択しなければならないということです。

繰り返しお伝えしますが、目標設定とは、「選択」であり「切り捨て」です。

「このために自分はこれをやるんだ！」というものを考えるということは、「他でもなく、今はこれを頑張らなければならないんだ！」というものを1つ決めて、それ以外のことを切り捨てるということです。

そして、それがたとえ達成できないのだとしても、間違っているのだとしても、それでも「自分で能動的に選んだ」という過程を経ているので、それで集中できるようになるのです。

いかがでしょうか?

「目標を明確化する」ということは、何に対して集中するのかを自分で選び、自分の中で納得感を得る行為に他ならないのです。

これを踏まえた上で、「目標を明確化」するための実践編に移りたいと思います。

実践編 ❶

目標の明確化
数字を1つ決める

さてここからは、目標を明確化するためのテクニックをご紹介するのですが、実はこれ、本当に簡単です。

とても簡単な工夫をするだけで、いい目標を立てることができるようになります。

それは「数字で1つ」、目標を決めるというものです。

「次のテストで80点取る！」「この本を30ページ読む！」という風に、目標に1つだけでいいので数字を入れて、設定するのです。「え？　そんなことでいいの？」と考える人もいるでしょうが、実はこれが一番手っ取り早い方法なんです。

例えば、僕はこんな集中力の実験をしたことがあります。

ほとんど同じレベルの学力の子2人に協力してもらい、1人には「次のテストで良い点が取れるように頑張ろうね」と言いました。もう片方の子には「次のテストで、80点が取れるように頑張ろうね」と言いました。

結果は、**前者が58点で後者が76点**でした。

結局、後者は80点に到達できなかったのですが、しかし結果として「良い点」を取ろうと頑張っていた子よりも点数を獲得することができたというわけです。

これは、「目標を数字で明確に設定した方が集中できる」ということを表していると思います。

80点を取ろうとしていた子に聞いたところ、「80点を取るために、20点分は落として良くて、その分点数を取らなければならないところに集中して勉強した」と語っていました。

逆に「良い点数」という漠然とした目標を持っていた子は、「満遍なく点数を取るために、広く勉強していた」と語っていました。

この2人の集中度を考えた時に、きっと「ここで点を取れば行ける！」と具体的な目標が見えていた方が集中できていたのだと思います。

だからこそ、結果として80点に到達しないまでも良い点数が取れたのではないでしょうか。


これは別に勉強に限った話ではありません。

「今日はタスクをたくさんこなそう」ではなく「今日は5つタスクをこなそう」と考えたり、「この本を早めに読み終えよう」ではなく「この本を3日で読み終えよう」と考える。

そうすると、結果的には5つは全うできなくても、3日では読み終わらなくても、そういう数値的な目標設定をしない時に比べて格段に集中して良い結果を得ることができます。

それはなぜかというと、**数値の目標というのは他のものに比べて明確に「切り捨て」を行うことができるからです。**

「たくさん」では抽象的すぎて、3つでも6つでも9つでもよくなってしまいます。

それでも「5つ」と決めて、「5つ」のみ集中する……。

これは他の選択肢を切り捨てて、「5つ」のために集中しているということに他なりませんよね。

目標設定の中に数字があると、より具体的に目標を設定できて、そのおかげでさまざまなことを切り捨てられるようになるというわけです。


その上で、「具体的な数字」というのは、力を帯びるものです。

例えば、すごく現金な話ですが、一番学生が勉強に集中しやすくなる言葉というのは**「勉強の時給を計算してみて?」**ということです。

その子が今よりワンランク上の大学に行くために必要な勉強時間を計算してもらって、その上で大学別の平均生涯年収を計算してもらうのです。

親御さんや先生から「勉強するといいことあるよ!」とか「勉強すると将来お金持ちになれるよ!」とか言われることはありますが、現実問題として自分が今勉強することが一体いくらくらいの経済的価値があることなのかを考えたことがある人はいないと思います。

で、計算するとこれがだいたい、時給2〜4万円程度になります。

ワンランク上の大学に行くためにだいたい2000時間程度かかるとして、ここでの年収差は100万円〜150万円程度。

これが40年間続くと考えるので、計算式としては、

100万円×40年÷20000時間＝2万円
150万円×40年÷20000時間≒3万円

……という感じです。

この時給を聞くと、学生の多くは「それなら勉強しようかな！」という気になって集中できるようになります。

「たしかに大人から『勉強したほうがいい』と言われることはあったけど、ここまで数字としてはっきり勉強したほうがいい理由があるのなら、頑張りたい」といって、

勉強に打ち込み始める子がいるのです。

金銭という目的が、数字という具体的なものをもって発生した瞬間に、力が生まれるわけです。

もちろんこれがいいのか悪いのかは賛否両論あるでしょうし、お金以外にも勉強が役立つことは数多く存在します。でも、それでも1つの目標を決めることで、より集中できるようになるのです。

だからオススメなのは、「目標の中に1つ、数字を入れること」。

3ページでも5問でも12タスクでも、3日でも1年でも、数字が1つ入るだけで、格段に集中しやすくなるはずです。

それをとりあえず1つ選ぶことで、より取り組みやすくなると思います。

そしてその上で、**長期的な視野に立って、将来性を見据えて目標設定をしていくのも非常にオススメです**。

「どれくらいの数字を入れたらいいんだろう？」というのが見えにくい場合に、「長期的な目標」から短期的な目標に落とし込んでいくというわけです。

つまり、長期的な目標を立てて、その目標のために必要な数字を考えて、そこから逆算して今の数字を作っていくということです。

例えば「この資格を取るためには、どの参考書を何冊くらい終わらせないといけないんだろう?」と考え、資格試験までの日数で割り算して、じゃあ毎日20ページは進めないと、3冊終わらせられないな!」と考えていくという手法です。

「将来お金持ちになりたい」ということを考え、それが具体的にどれくらいの数字になるのかを考えて、「時給」という考え方で逆算していく……という先ほどのやり方と似ていますね。


こうすることで、先ほどの目標設定の「数字」にある程度の妥当性が生まれます。妥当だと思う数字……つまりは「納得できる」数字で目標設定をすることができるというわけです。

例えば僕は二浪のときには「過去問を50年分解いて、分析ノートを作る」というのを目標にしていました。

8ヶ月でその目標を達成しようとしていたので、50年分÷8ヶ月でだいたい1ヶ月6〜7年分を終わらせていくようにしました。

よく「そんなに解いたの⁉」と驚かれるのですが、僕としては自分が無理したという感覚はありません。

たしかに「50年！」というと数字として大きい気がしますが、コツコツ積み重ねていけば難しいものではありませんでした。

目標設定というのはそういうもので、1日でがっつりやるのではなく、長期的にいろんな物事をこなしていけばいいのです。

集中して何かを達成しようとするとどうしても「短期的にがっつり本腰を入れて、一気に終わらせる」みたいなイメージを持っている人もいるかもしれませんが、それよりもまずは長期的な視野に立って物事を考えてみるのがオススメです。

みなさんもぜひ試してみてください！

実践編❷

目標の明確化
指標を1つ選ぶ

目標を明確化するためにもう1つオススメなのは、**指標を1つに選ぶ**というやり方です。

「集中」＝「取捨選択」だということは何度もお話ししてきましたが、これをもっと徹底してみましょう。

実は意外とよくあるのが、「あれもこれも望みすぎて、集中できない」というパターンです。

例えば「次の会議のために資料を作成しよう」と考えた時に、みなさんは何に気を付けて資料を作成しますか？

わかりやすさを重視するための言葉選びでしょうか？

何を聞かれても大丈夫なように詳細を詰めておくことでしょうか？

それとも見やすいようにレイアウトをこだわることでしょうか？

多分、10人いたら10通りの「気を付けるべきポイント」があるはずですし、きっとその全てを追ってしまうこともあると思います。

簡潔にまとめながらも詳細に、レイアウトに気を付けながらも他のものにも意識を向ける……。そんな風に頑張ろうとすると、それこそ何に「集中」すればいいかわからなくなってしまうのです。

勉強するときにも同じことが言えます。

「この項目を暗記しよう！」とか「とりあえず流れを把握しよう！」とか、勉強の目的をはっきりさせた上で努力すると結果が出やすいです。

逆に、「この教科書を読んでいれば、なんとなく学力が付くだろう」とか思って頑張ると効果は薄い場合が多いです。

なぜかというと、何に着目して教科書を読むのかがぶれてしまって、結局どっちつかずになってしまうからです。暗記なら暗記、復習なら復習、流れの把握なら流れの把握としっかり決めないと効果がないんです。

僕も経験があるからよくわかるのですが、「だらだらした勉強」って全然効果ないんですよね。

机に向かっているだけで、目標がはっきりしていないから結局なんの効果もなく時間だけ過ぎてしまう……。

そういう経験、みなさんもあるのではないですか？

先ほど僕は「数字で1つ目標を決める」という話をしましたが、数字で測れる指標が複数ある状態というのは「選べていない」状態に他なりません。

いろんなものを同時に追い求めるのは大変な行為です。

「解く問題数も多くしたいし、点数も上げたいし、時間も短くしたい！」……みたいな状態では、どれも中途半端に終わってしまうことの方が多いです。まさに、「二兎を追うものは一兎をも得ず」な状態です。

まずは1つ決めて、**「とりあえずこの指標だけを追求しよう！」**というものを作ることが重要なのです。「簡潔さ」なら簡潔さを、「詳細」なら詳細を、「レイアウト」ならレイアウトを、なんでもいいから1つに絞って作成するようにしましょう。

いっぱいいろんなものを頑張ろうとするのは得策ではありません。

1つに絞って、そこに特化して努力をしていくのです。

オススメなのは、**何に特化するのかを自分に宣言する**やり方です。

付箋で「レイアウト！」などと書いて、見えるところに貼っておくのです。

こうすることで、自分が今何に特化して集中するのかということを把握することができます。

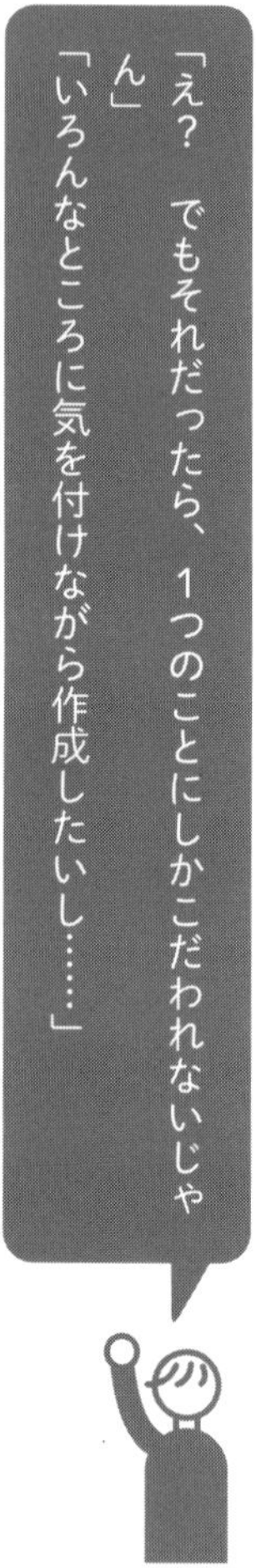
「え？　でもそれだったら、1つのことにしかこだわれないじゃん」
「いろんなところに気を付けながら作成したいし……」

という人もいるでしょうが、大丈夫です。

1つのことに特化した後で、次のものを決めて特化すればいいのです。レイアウトを頑張ったのなら、次は詳細を、その次は簡潔さを……そんな風に、どんどん次のものを選んで進めていくのです。

要は、いっぺんに違うことをやろうとするのではなく、集中するべきものをきちんと決めて、それを極め終わってから次のものを選べばいいのです。

別の山を同時に攻略することはできません。

1つの山を登り終わった後から、次の山へ向かう。

そうすることで初めて、多くの山を攻略することができるのです。

指標を一元化し、その指標を宣言しながら努力していく。これだけのことで、集中力は変わってきます。

みなさんもぜひ試してみてください。

実践編 ❸

納得感を得る

前のめりになるためには、「納得」が必要だとお話ししましたが、これはもっと詳しくいうと「自分の中で納得できる何かを探す」ということに他なりません。

先ほどもお話ししましたが、「集中」＝「短期的にがっつり本腰を入れて、無理して終わらせる」というイメージを持つのはあまりオススメできません。

小手先のテクニックでなんとかしたり、エナジードリンクを飲んだり、多少無理をして頑張るのではなく、この本が目指すのは「無理をしない集中」です。

そして、**長期的に無理せず集中するために絶対的に必要なのは、その集中するべき対象に対して自分の気持ちが乗っているかどうかです。**

さらに言うなら、自分の気持ちを乗せるために必要なのが「納得感」です。

人間は、長時間「納得できないこと」を実践することはできません。
ある程度自分の中で「価値を感じる」ことでないと、続かないのです。
さて、「納得が必要」なんて話をすると、こういう反論もあると思います。

「いやでも、価値を感じていないことに対して、やっているうちに楽しさに気付いて、集中できるようになる……みたいなこともあるじゃないか！」

もちろんこれはその通りです。
一見無価値に見えることでも、やっていく中で楽しさに気付いていって、「よっしゃ！　もっとやろう！」と集中できるようになる……ということはよくある話です。
だから、「価値を感じないことを全くやらない姿勢」というのは意味がないと僕は思います。
食わず嫌いをしていては、集中も何もないです。

しかしそれは、やっているうちに「納得感」が得られたパターンでしかありません。その時に全く楽しさを感じられなかったら絶対続けられなかったでしょうし、やっている中で価値に気付けたからこそ集中できるようになった……というだけの話だと解釈できるのです。

それに、これはよくある話ですが、やりたくないことを集中してやらなければならないことだってあるじゃないですか？

すごく勝手な憶測ですが、この本を読んでくださっているみなさんの多くは、おそらく**「やりたくないことを集中してやるためにはどうすればいいか？」**が知りたくてこの本を開いてらっしゃるのではないですか？

逆に「めっちゃやりたいんだけど、全然集中できない！」という人はそんなにいらっしゃらないと思います。なぜなら、「やりたい」ということはある程度価値に気付けていて、納得しているということだからです。

その状態で集中できないのであれば、それはまた違う要因が邪魔しているからに他なりません（それは95ページよりご紹介します）。

前のめりになって集中するために大切なのは、「自分の中で納得すること」です。

なんらかの形で「価値」を見つける必要があるのです。

ただここで難しいのは、**人間というのは右脳タイプと左脳タイプに分かれるということです**。

例えば、「論理的には納得できるんだけど、感情的には納得できない！」ということありませんか？

「理屈では勉強しなきゃいけないのはわかってるんだけど、どうしても気分が付いてこない」とか、「やらなければならない仕事であることはわかるんだけど、どうしても好きになれない」とか、そういう経験が多いという人は、「右脳」で物事を考える人だと思います。

右脳は、「感覚的・感情的な思考」をする器官です。

論理では説明できないような、ひらめきとか勘とか、そういうものを司ります。

逆に、「感情とか関係なく、論理的に納得できないことはやりたくない！」と考える人もいますよね？

例えば「周りの同僚はみんな来期の目標のために頑張ろうとしているけど、自分はあんまりその目標に納得できなくて、みんなにも乗れない」とか「感情的にはやってみたいと思うんだけど、でも全く合理的な判断じゃないからやりたくない」とか、そういう経験が多い人もいると思います。

これは、「左脳」で物事を考える人です。

左脳は、「論理的・合理的な思考」をする器官です。感情ではなく、ロジックで物事を考えることを助けます。

論理と感情、合理と非合理。別にどちらが正しいというわけでもなく、事実として、人間は両面で物を考えます。

だからこそ、論理的に理解しているだけでは完全には納得できない人も、感情的に理解しているだけでは完全には前のめりになれない人もいるわけです。

大切なのは、自分がどちらのタイプなのかをしっかり把握しておくことです。

だからこそ今集中できなくて困っているのなら、次の問いに答えてみてください。

Q1　人から褒められるとき……

A「楽しかった」「面白かった」「嬉しかった」と感情をぶつけられると嬉しい

B「何が良かったのか」を、しっかり言葉にして論理的に褒められると嬉しい

Q2　人から何かを説得されるとき……

A「みんなが困っていて君にしか頼れない」と感情的に説得されるとやる気が起きる

B「君の将来のためになる」と合理的に説得されるとやる気が起きる

Q3　なんらかの行動をするとき……

A「楽しそう」なことの方がやりたい

B「こうすればこうなる」というのが見える、論理的に納得できることがやりたい

Aが多ければ、右脳タイプ、Bが多ければ、左脳タイプです。

もちろんはっきり分けられるものではありませんが、何度も自問自答しているうちにどちらの傾向が多いのかを知ることができると思います。
是非一度やってみてください。

集中というのは、自己理解なくしてはできないものです。
自分の身体的な状態が悪い時には集中できませんよね？

同じように、自分が精神的に集中しにくい状況にある場合には、集中することはできません。大切なのは、自分の状況を正しく知ることです。

自分がどういう人間なのか知っておくことが、集中への第一歩なのです。

さて、自分がどちらのタイプなのか把握した上で、そのタイプにあった集中の方法をご紹介します。

左脳タイプ▼
目の前のことを合理的に納得できるように考える

方法1：先ほどの「目標」から逆算して考えてみる
方法2：報酬を作り、行動することに合理性を作ってみる

合理的に納得するためには、**1つは目標から逆算して考えること**が一番です。

やりたくないことでも、「これはこの目的のためには必要なことなんだ」と合理的に納得できていればある程度、前のめりになれるはずです。

「誰もやりたがらない仕事だけど、長期的に考えて、この仕事を先に終わらせておいた方がいいはずだ」という感じです。

左脳タイプなのであれば、そこまで考えることで前のめりになれるはずです。

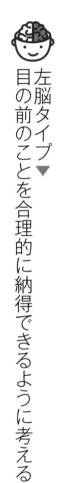

また、もう1つ考えられるのは、**目の前のことに「報酬」を作る**というものです。いわゆる「ご褒美」です。これをクリアしたらこういうご褒美があるというのを自分で作ってしまうわけです。

「そんなので集中できるようになるの？」と考える人もいるかもしれませんが、意外とこれは有効です。

ほんの小さなことでも、例えばお菓子を一個食べるのでもちょっとYouTubeの動画を見るのでも、報酬というのが存在するだけで、人間は頑張れることがあります。

これは、「メリハリ」が出るからだと考えられます。「集中＝範囲の限定」だという話を先ほどもしましたが、ご褒美というのは一定の「線」を引く行為です。「ここまで頑張った」「ここからまた頑張ろう」という一区切りを作ることです。

その線引きの1つとして、メリハリをつけるために、「ご褒美」を用意するというわけです。「ご褒美」なんて一見非合理的ですが、しかしその実「線を引く」という意味で合理的なのです。

右脳タイプ▼
気分を向上させるための手段を考える

方法1：音楽や趣味の力を借りて、気分を上げる
方法2：ライバルを作って、競争心を持つように努める

次は非合理的な集中の手段についてです。

集中というのは元来非合理的なものでもあると僕は第0章でお話ししましたが、その言葉に偽りはありません。自分の脳を騙しつつ、合理性以外の面で報酬を作って脳を稼働状態にするというのが右脳的なアプローチです。

そう考えたときにバカにできないのは音楽の力です。

音楽を聴くと気分が高揚することがありますが、それは脳科学的にも実証されていることです。

昔は戦争の際に兵士の士気を高めるために音楽を奏で、それによって兵士の集中力が大きく変わったといいます。

音楽というのは集中の際に頼ってしかるべきツールなのです。

例えば**自分の集中BGMを作っておく**というのは非常にオススメできることです。自分が一番好きな音楽を「集中BGM」に定めて、「その音楽が流れたら集中して物事に取り組む」というルールを自分の中に作っておくのです。

そして、集中したい時にはその音楽をエンドレスリピートにするというわけです。

「えー、でも音楽があると気が散ってしまう」という方、お気持ちはよくわかります。僕もそのタイプです。でも、それでもこのやり方は有効です。

というのは全く集中していない状態から少し集中している状態まで持ってくるためにはこのやり方でいいのです。

音楽の力を借りて、ほんの少しでいいからやってみる。

ここから先は簡単です。坂の上のボールをちょっと押すのと同じで、ボールはある程度するとひとりでに動いていきます。

僕がオススメなのは、はじめの段階では音楽の力を借りる集中です。とりあえず集中状態になるまで音楽の力を借り、気分をあげてから一気に一押しするのです。この方法は僕もよくやるのですが、始めの段階では音楽を流して集中し、集中が継続していく中で音楽が邪魔になっていくのです。

そしてそうなったら、いい集中ができているということになります。

もう1つオススメなのが、**競争心という全く別の感情を湧かせる**というものです。合理的に考えたら報酬にはなり得ないものですが、「あいつに負けたくない」「次の勝負で勝ちたい」というような誰かを相手に競っている状態は、合理的でなくても効果があるものです。

合理的で論理的な説明よりも、高尚な事柄よりも、実は「あいつに勝ちたい」という闘争心・競争心だけで意外と進むことってあるのです。

僕も、ライバルの存在によって集中力が増した経験があります。

東大を目指す時に、最初は友達がおらず、切磋琢磨できるライバルがいませんでした。でも、塾で友達を作って、一緒に東大を目指すライバルができてから、「あいつに負けないぞ！」と競争心から集中できるようになったのです。

人間は、1人の力で進めるほど強くありません。自分の感情だけで人生を送り、成功することはできないのだと思います。

どんなに強い思いがあっても、それが「自分がお金持ちになりたいから」とか、そういう自分ありきの思いは、あまり持続しないのです。

僕も初めは「東大に受かりたい」というのは個人的な感情だけでした。

でも、**ライバルができて一緒に頑張っているうちに、自分が合格したら喜んでくれる友達が増えて、彼ら彼女らのためにも、落ちるわけにはいかないという感情が芽生えました。**

人間というのは、個人の感情だけではなく、周りのいろんなものに影響を受けながら生きているものです。その「周りからの影響」をうまく自分の集中に繋げるのです。そしてその中で一番やりやすいのが「競争心」なのです。ライバルを作ってそのライバルとどう競争するのかを考える……そうやって周りの環境のいい影響を利用して集中するということです。

いかがですか？　これらのテクニックに沿ってぜひ実践してみてください！

3 レベル感を合わせる

大切なのは段階を踏むこと

さて、ここまで「目標の明確化」と「納得」という2つの前のめり集中のやり方を紹介してきました。

この2つのやり方は必ず効果があるものなのですが、しかしこの2つをクリアできていたとしても集中できない場合というのは存在します。

そしてそれは、やり方が間違っているのではなくテクニックが足りないからだと考えることができます。

この項目では、よりテクニック的な側面の強い方法をご紹介させていただきます。

「目標も定めたし、論理的にも精神的にも納得できている」という状態なのにもかかわらず集中できない……という経験、みなさんにはあるでしょうか?

本当は、そんなことはあり得ないと言えればいいのですが、現実問題として、「理屈はわかったけど、それでもなーんかやる気にならないんだよなあ」「なんだかよくわからないけど、どうも集中できない……」ということがあると思います。

こういう時、僕が真っ先に疑うのは**レベル感の問題**です。

例えば運動をする時には準備運動をしますね。いきなり激しい運動をすると身体が付いていかないから、きちんと準備をしておくわけです。

また、泳げるようになるためにはまずは水に慣れ親しまなければなりません。水の中で目を開ける訓練やビート板を持って泳ぐ訓練を経て、やっと泳げるようになっていきます。

物事というのは最初から完璧なことを求めるのではなく、きちんとその段階・ステップ・レベルに合ったやり方が必要なのです。

集中しようとして失敗してしまう人の多くは、この点で間違えてしまっている可能性が大きいのです。

準備運動なしで本格的な運動に足を突っ込んでしまっては身体が付いていきませんから集中どころではありません。

全く泳げない人が飛び込みから始めるなど、水泳選手がやるようなトレーニングをやろうとしても無理ですし、集中して練習することなんて不可能だと思います。

大切なのは段階を踏むことです。

簡単なことから始めてだんだん難しく進めていく。そういう姿勢があって初めて、人間は集中できるようになるのです。

Aの次にB、Bの次にC、Cの次にD……そういう順番で進めていくべきです。初っ端からGとかXとかやってたら集中できるものもできないのです。

わかりやすいのが本です。みなさんは「この本難しいなあ、読み進めにくくて集中できない」と思う経験はありませんか？

僕はよく「こういう時どうすれば集中できますか？」と聞かれるのですが、すいません、無理です。

「難しい」と感じながら本を読み進める行為は、初っ端からAもBもなくXとかYとかZとかにアタックする行為です。

そりゃ読めるわけありませんし、集中できるわけありません。

当たり前のことですが、難しいことって難しいんです。

そしていきなり難しいことをする能力は人間にはありません。難しいことは、ちゃんとステップを踏んで、基礎を固めてからでないと挑戦してはいけないのです。

だから**オススメなのは、「簡単なものから始めること」**です。

本を読んでいて難しいのなら、多分それは「準備」が足りていません。

もっと簡単な本を読んで背景を理解したり前提知識をつけたりして、準備をしないとダメなのです。

例えば「知識があるが故に面白いこと」ってありますよね？

パロディーの作品とかは元ネタを知っていると笑えるってことはありますし、文学作品でもその著者がどういう人で、どういう作風の人なのかを理解した方が面白いことってよくあると思います。

そしてそういう前提を知っている方が集中して作品に没入できることと思います。

集中できないのであれば、順番が間違っているのかもしれません。

集中する対象にアプローチするのが早すぎるのかもしれません。

そういう場合に必要なのは、より簡単なものから始めたり、集中するための準備をすることです。

「より簡単なものはないか?」

「集中するために準備するべきことはないか?」

こういう思考をしてみましょう。

最初にわざと簡単なものから始めてみる

「簡単なものから始める」というのは、レベルの問題だけではありません。

「最初にわざと簡単なものから始めてみる」というのもオススメです。

例えば勉強するときなどに「さあ、今日はこの難しい問題を解くぞ！」とスタートから大変なことをしようとするのはハードルが高いです。

それよりも、「ちょっと前回の復習をしようっと」「さて、まずは軽く単語の勉強から始めるかな」と、軽いものから始めてみるのは非常にオススメです。

始めから難しい問題や単語にアプローチするのではなく、簡単なものから手をつけてみましょう。

今回僕はこの本を書くにあたって多くの東大生に「君はどうやったら集中できる？」「どうやって集中状態を作っているんだ？」ということを質問してみました。

すると**回答として一番多かったのがこの「『簡単なもの』『やりやすいもの』から始める」というもの**でした。

東大生は、みなさんがよく想像するいわゆる「集中力」と言われるものが優れているわけですが、それは誰に言われるまでもなく、自分で意図しているわけでもなく、自然と発揮しています。「前のめり」だとお伝えした通りですね。

それは簡単に言うと、ボールを坂の上から転がしているようなもので、「前のめり」

な状態でちょっと傾いているから、力を加えれば簡単にゴロゴロと転がっていってくれるというわけです。

しかしこの場合に問題になるのは、「どうやって坂の上から力を加えるか？」ということです。そのままでは転がってくれませんから、誰かが何らかの力を加える必要があるわけです。

というか、今までの「目標」と「納得」がうまくいっている状態なのであれば、簡単な力さえ加われば、あとは勝手にゴロゴロと転がっていってくれます。

大切なのは、最初の一歩を「どう作るか」ということだけなのです。

そしてそれこそが「最初にわざと簡単なものから始める」です。

例えば勉強している時、「昨日の復習をざっとしよう」と考えるのは高いハードルを感じませんよね？

同じように、「難しい問題ではなく、簡単な問題を解いてみよう」としたり、「読む前の準備として、前提となる知識を簡単におさらいしておこう」としたり。

ハードルが高いものにすぐに飛びつくのではなく、簡単に始められることからスタートしてみましょう。

オススメなのは**「積み残しをあらかじめ作っておく」**というものです。

例えば仕事でも勉強でも、「あとほんの少しで終わるところ」まででその日の分のタスクを残しておくのです。

そして朝、「さあ、集中するぞ！」と意気込んでいる際には、その「ちょっと残した仕事・勉強」から始めてみるんです。

ゼロから始めるのよりも、続きから始めることの方がハードルは低いです。

また、「あと少しで終わるものがあるんだから、とりあえずこれだけでもやっちゃおう」という気になりやすいです。

そして、その勢いを利用して、次の新しいものに移ってみましょう。

自然な流れで「さて次は！」と考えることができれば、きっと勝手に集中できるようになるはずです。

第1章のPoint

- 「集中する＝切り捨て」というイメージを持つ
- 目標を設定し、集中する対象をはっきり捉える
- 納得感のないことは集中できない
- 「目標設定」は納得感を生むことができる
- 「数字で1つ」目標を決めること、「指標を1つに選ぶこと」が重要
- 無理をせず、レベル感を合わせる
- やり始めるのが簡単なものから始める

Column 1

右脳派と左脳派

右脳と左脳、両方使おう

右脳と左脳。

この2つの器官は、どちらが優れているといいとか、どちらが優れていないとダメだとか、そういうことではありません。両方の器官をうまく利用することで、集中力を持続させ、結果を出すことができるようになります。

例えば、どんな物事もまず始めに実践するときには右脳的なアプローチをする必要があるといいます。論理的に物事を考えて、「こうやって進めたほうがいい!」ではなく、きちんと自分の感情で「こうやってやりたいな」とか「こんな感じで進めていったら楽しそう」と考えたほうがうまくいく確率が高いのです。勉強を始めるときに、「今日は数学をやらなければならない！」「自分に不足しているのは英語だ！」と考えることももちろん大切なのですが、始めの段階では自分の気分の乗るものを実践したほうがいい。「今日は数学の気分だな」「英語やりたいな」とちょっとでも自分の感情的に乗るものを選んだ方が、集中しやすいのです。

そして、本当にやるべきことは、自分の気分が乗るものを終わらせた後の方が実践できるはずです。

逆に、誰かを説得する時や文章を書く時など、人にアプローチするタイミングでは左脳を使った方がうまくいく場合が多く、集中することもできます。誰かに何かを説明したり、訴えかけたりするときに、もちろん感情的に説得しなければいけないタイミングもあるかもしれませんが、論理立ててロジックをきちんとしっかりした上で、反論する余地なく説得した方がうまくいきます。

感情100％で「こうするべきだ！」と言われても全く響きませんよね？　きちんと順序立てて、論理的に説明された方が人間は動くのです。

そして、そのために必要なのは左脳だということです。感情よりも論理を優先した方がうまくいき、うまくいく方が人間は集中できるわけです。

感情を優先するか、論理を優先するか。自分が感情的な人間なのか、論理的な人間なのかをしっかり考えた上で、両方をうまく使う必要があります。感情ばかりでは動物と同じですし、論理ばかりでは機械と同じです。人間的な集中をするために、その両方をしっかり活用していきましょう。

ちなみに僕は右脳タイプです。ついつい感情的になってしまいがちで、反省することばかりです。ただし、こうやって文章を書いてみなさんに何かをお話しする時は論理的にお話ししようと努めていますし、その方が集中できます。みなさんもぜひ、実践してみてください。

「前のめり」を保ち続ける方法

「前のめり」な姿勢を作る上で
重要な、「能動的」という要素は、
アウトプットの量を増やすことがカギ。

第2章

1 東大生が勉強を好きでいられるワケ

継続＝楽しさ

さて、第1章では「前のめりになるにはどうしたらいいのか？」についてお話ししてきました。

ここからは、それを踏まえて「集中状態を持続させるためにはどうすればいいのか」について説明していきます。

「継続は力なり」とはよく言ったもの。

人間、一瞬だけなら集中するのは結構簡単なものです。「よしやるぞ！」という気で取り組めば、多くのことは始めはなんとかなるものです。

……が、それを続けられるかどうかというのは全く別の話です。むしろ、続けるのが一番大変だと言ってもいい。

「三日坊主」という言葉があるくらいで、始めは集中できていても、あとあとになって集中できなくなる……ということは結構ある話なのです。

この章では、「継続」ということに焦点を当ててお話ししていきたいと思います。

「一体どうすれば、物事を続けられるのか？」

こう考えた時に、やっぱり一番いいのは「楽しむ」ということです。

みなさんも体験したことがあると思うのですが、大好きなゲームをやるときや面白い映画を見るとき、素晴らしい漫画を読むとき、好きな人と話すとき、私たちはあっという間に時間が過ぎ去ってしまう体験をします。

楽しくて、集中していて、1時間が一瞬に感じられるというわけです。

この時、文句なく私たちは集中状態にあると言えます。

やはり、**一番集中できる瞬間というのは、そしてその時間を続けるためには、「楽しい」と思うのが一番手っ取り早いです。**

しかし中にはこんな人もいるでしょう。

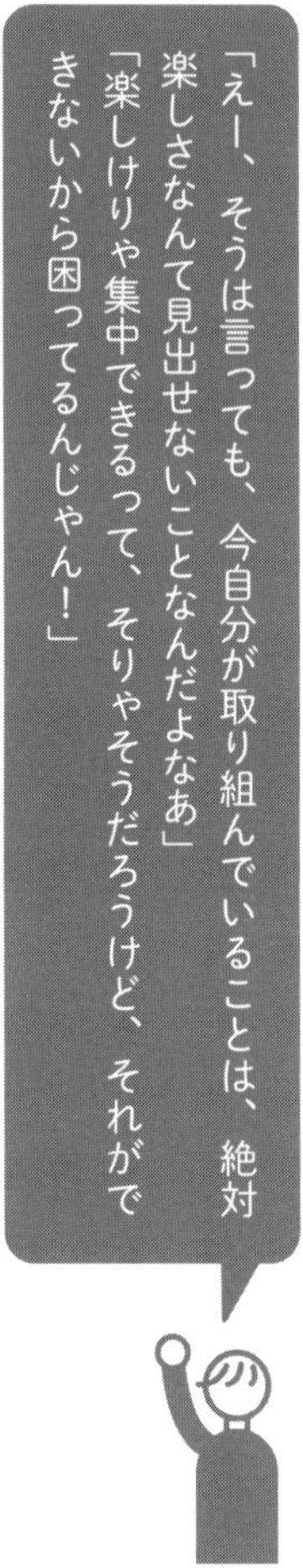
「えー、そうは言っても、今自分が取り組んでいることは、絶対楽しさなんて見出せないことなんだよなあ」
「楽しけりゃ集中できるって、そりゃそうだろうけど、それができないから困ってるんじゃん！」

と。その感覚は非常によくわかります。

僕も勉強をどうしても楽しむことができずに苦しみ続けた経験がありますから、「楽しくできない」という悩みはよく理解できます。

しかし、「楽しい」ということに関して、実は私たちは１つ勘違いしている可能性があるのです。

例えば僕は、東大生１００人にこんなアンケートを取ったことがあります。

「勉強は楽しいですか？　勉強は好きですか？」

この問いに対する回答としては、「楽しい！」と答える学生が73％でした。

この結果を見て僕は「なるほど、東大には勉強を楽しめる人しか合格できないんだな」……と考えたのですが、実はもう1つ別のアンケートを取った時に、その認識が間違っていたことがわかりました。

中学受験や高校受験を含めて、本格的に勉強を始める前から勉強を楽しいと感じていましたか？　という質問に対して、33％の東大生しか「楽しいと感じていた」と答えていなかったのです。

つまりは、**本格的に勉強を始めるようになるまで、東大生は勉強を楽しいとは感じていなかったのです。**

勉強が楽しくなったのは、勉強を本気で取り組み始めてからだったというわけです。

想像してもらいたいのですが、あなたが好きなもの（趣味のスポーツでもゲームでもなんでも構いません）を思い浮かべた時に、それを好きになったのはいつの瞬間でしたか？

憶測ですが、始める前から「うわ、このスポーツ超楽しそう！　好き！」と考えていたという人はいないと思います。

やり始めてからなんとなく楽しくなっていった人がほとんどなのではないですか？

逆に、みなさんの趣味がテニスだったとして、テニスをやったことがない人に「俺テニスって超嫌いなんだよね。だって思った通りの方向に絶対飛んでいかないじゃん？　頑張っても何の意味もないし、何が楽しいのかわかんないんだよね」と言われたらどう思うでしょうか？

「いや、それはもう少し本格的にテニスをやるようになってから言えよ」とツッコミを入れたくなると思います。

楽しさを見出す力ギは「アウトプット」

世の中に存在するもののほとんど全ては、「やり始めてから価値を感じられるもの」です。

やる前から楽しいものなんて存在しませんし、逆に全てのものは「やっている中で一人一人がそれぞれの楽しさに気付けるもの」だと考えることができます。

「モダンタイムス」という映画の中で、チャーリー・チャップリンは単純な仕事を始めはつまらなそうにしていたのが、どんどんそれに快感を覚えていく……という過程が描かれているシーンがあります。

私たちの集中の過程も正にこれと同じです。

やり始めてから楽しさに気付き始め、そしてどんどん次に進めていきたくなる。

楽しさというのはいつも、実践して、その中から私たちが発見するべきものなのです。

こう考えると、集中状態を続けるために必要な「楽しさ」を知るためには、とりあえずやってみるというのが一番です。

もう少し詳しく言えば、**「アウトプットをしてみる」**というのが一番いいと思います。

アウトプットというのは、つまりは行動に移してみる、自分で手を動かしてみるということです。

ただ本を読んで知識を得ようとするのではなく、実際にその知識を使って問題を解いてみる。

スポーツでいうならば机上でルールやフォームを覚えるのではなく実際になんでもいいから体感してみる。

泳げるようになるためには、陸の上でフォームを覚えて練習するのもいいですが、とりあえず水の中に入ってみる。

泳げないかもしれないし、犬かきにしかならないかもしれませんが、その方が水に慣れ親しんで、「楽しむ」ということができます。

とにかく行動として形にし続けることで、「楽しさ」がわかるようになるのです。

2 アウトプットは集中の強い味方

インプットよりもアウトプットを重視する

さて、今僕は「アウトプット」という概念をオススメしましたが、この「アウトプット」というのは「集中」において非常に重要なものです。

例えば、みなさんにとって、どちらが集中できることですか？

・数学の教科書を読む
・数学の問題を解く

この質問に対して、教科書を読むよりも問題を解くほうが集中できるという人が多いと思います。

人は、何かを読んだり誰かの話を聞くといったインプットよりも、問題を解いたりするアウトプットの方が集中できるものです。

これはなぜかというと、**アウトプットを前提とするというのは第1章でもお話しした「選択」をすることだと考えることができるからです。**

インプットする時は、何に注目して本を読むとか、何にエネルギーを注ぎながら人の話を聞くのかを決めることがかなり難しいと思います。

逆に問題を解く時なら、「問題を解く！」という目的が1つ明確になっているわけなので、その目的を実践するという意味で集中できるはずです。

そしてアウトプットというのは形になります。

例えば「本を読む」とか「人の話を聞く」というのは、いくらやっても「これだけやった！」というのがわかりにくいですよね。「読んだ」「聞いた」というのは、何かができるようになるというわけでもないですし、終わった後に何かのモノとして「これだけやったぞ！」ということが残るわけではありません。

ひるがえって、問題を解いたとか、ノートにまとめるとか、そういうアウトプットというのは「これだけの問題数を解いた！」みたいなものがわかりやすく目の前に残り続けます。しかも、アウトプットというのはやることが明確です。

先ほどの「目標」も、インプットは目標設定し辛く、アウトプットというのはかなり目標設定に活用しやすいです。

例えば「3ページ読み進める」といっても、みなさんの想定することは結構違うと思います。

ぱっぱと3ページ書いてあることの字面を追って終わりという人もいれば、じっくりと暗記できるように読む人もいて、両方とも「3ページ読む」です。インプットというのは、何をどのようにやるのか想像しにくいんです。

逆にアウトプットはわかりやすいです。

「問題を解く」という目標を立てたときに、みんな想像することが違う……なんて現象はほぼ起こり得ないです。

「3問解いて！」と言われたとき、100人いれば100人みんな同じ指示を想定すると思います。

「読む」「聞く」と比べて、「解く」「書く」であれば明確にやることがわかるのです。

東大生に「一番集中できる科目は何？」とアンケートを取ったところ、一番多い回答は数学でした。

文系理系問わず、数学は集中しやすい科目として認知されているのです。

その理由はきっと、数学というのはアウトプット前提の科目だからだと思います。数学の成績をあげようと思ったとき、教科書を読もうとか先生の話を一生懸命聞こうとするよりも先に問題を「解こう」とすることが多いです。

インプットが多い科目よりアウトプットが多い科目の方が集中しやすいのです。

アウトプットは脳を稼働させるいいツール

実は**インプットよりも、アウトプットの方が集中に向いている**というのはもう脳科学的に証明されていることだったりします。

例えば何かを覚えたいとき、理解したいときに、ペンも何も持たずに、ノートもメモも取らずに頭の中だけで考えて覚えられる人はなかなかいません。

頭の中だけで考えている状態というのは、五感を活用していません。

逆に、アウトプットをするということは、ペンを持つ触覚、目でノートに書いた文字を追う視覚、自分で口に出して聞くことで聴覚を、五感のうち3つを活用することになります。

そして、**五感を多く使う物の方が、俄然集中しやすいのです。**

昔からよく「何かを覚える時には書いて覚えるといい」と言われることがあります。みなさんも聞いたことありますよね？

実はあれ、「書けば覚えられるようになる」ということ以上の意味があるんです。「書く」という行為が「アウトプット」であり、五感のうち2つを使う行為です。そして、そういういろんな感覚を使っている行為の方が、「実践している」という感覚を得られます。

「見る」よりも「書く」という行為の方が、「アウトプットしている」という感覚が付き、そしてこういうやり方は「集中できる」のです。

なぜ書いて覚えるのが有効なのかといえば、単純に「その方が集中できるから」に他ならないのです。

アウトプットは、「前のめり」という文脈でもその重要性を語ることができます。というのは、**「前のめり」な姿勢を作る上で一番大切な「能動的」という要素は、アウトプット無くしては語れない**からです。

何か物を書くとか、学んだことを使って問題を解くとか、または質問を作ってみるとか、そういうのは全部能動的な姿勢です。

受け身では絶対にできないことであり、そういう行為だからこそ自分の頭を使って考えるということになります。

アウトプットするというのは、自分の頭を使わなければ絶対にできない行為です。例えば「何か文章を書いてください!」と言われて、無意識で何も考えずに書ける人はほとんどいないと思います。

「何を書こうかな?」「どういう構成で書こうかな?」「参考になる文章を最近読んだりしたかな?」と、ある程度何かを考えなければ絶対に文字にはならないはずです。

逆に言うなら、インプットというのは実は何も考えていなくてもできます。

先生が言っていることを聞いて、「ふーん、そうなんだー」と頷いていれば授業というのはあっという間に終わってしまいます。

「Take」と「Listen」の違いについてお話ししましたが、「Take」するというのは言い換えるならば「アウトプット」を何かしているということに他なりません。

説明でも、質問でも、自分の意見を作るのでも、全ては与えられたものをそのまま受け入れてそれで終わりにするのではなく、自分の頭で考えるということに他ならないのです。


そして、何度も言っていますが、前のめりで自分の頭で考えている状態というのが一番集中しやすい状態なのです。

集中というのは脳が稼働している状態だとお話ししましたね。アウトプットは、脳を動かすのにとてもいいツールだと言えるのです。


「アウトプットが集中に効く」ということをご理解いただけたでしょうか?

これを踏まえて、集中を継続させるという意味で一番効果があるのは、「インプット」を減らして「アウトプット」を増やすという方法です。

インプット＝減らす！
アウトプット＝増やす！

それではその、「アウトプットを増やす」ための実践編に移りたいと思います。

実践編❶

アウトプットを増やす

「アウトプットをどう増やすか」ということを考えてみるというのが、一番手っ取り早く集中する方法です。

例えば簡単なやり方でいくのであれば、勉強の成績をあげたかったり資格試験に合格したい場合に「教科書を読む」「授業を聞く」というやり方に重きを置くのではなく、「問題を解く」「人に説明する」というやり方の比重を増やしてみることで、より集中して勉強することができます。

こういう風に、自分のやっていることを「インプット」から「アウトプット」に作り変えていくのがいいわけです。

オススメを3種類用意したので、ご覧ください。

例1

「人の話を聞く」「本を読む」

↓

「キーワードを探す」「質問を探す」

本をただ漫然と読むだけ、人の話を聞くだけではインプットです。

それをアウトプットにするためには、何かを探してみるというのがオススメです。

例えば**「この人が言いたいことって、一言で言うとどういうことなんだろう？」**

というキーワード探し。

重要な言葉がどれなのかを読みながら探すという能動的な行為は集中するのにもってこいです。

キーワードを発見しようとするとより文章や人の話を理解しやすくなりますから、ただ聞いている時よりも効率が良くなります。

また、**「自分の中でわからないことはどれだろう?」「今の話で、腑に落ちなかったところってどこだろう?」と自分の中で質問を探してみる**のもいいと思います。

目の前に著者がいたと仮定して「それってどういう意味なの?」「これって本当なの?」と思うようなポイントを探すことは、「ふーん、そうなんだ」と文章をだらっと読むよりも前のめりになることができますし、「質問できるポイントはどこだろう?」と集中して人の話を聞くことにも繋がります。

例2

「本や記事で知識を増やす」「何かを調べる」

↓

「人に説明する」「人に説明できる資料を作る」

ネット記事や本を読むことで知識量を増やそうとする時、または何かを調べる時、**「誰かに説明できるような資料を作る」**というのがオススメです。

ぶっちゃけた話、知識が増えているかどうかなんて誰にもわかりません。

脳科学が進歩してあと30年経ったらそういう「人の知識量を測る技術」が確立するかもしれませんが、少なくとも今はそんなことは不可能です。

それを知るためには、「ちゃんと誰かに説明できるかどうか？」というのが知識を付けているのと付けていないのとの分かれ目になります。

「人に説明できるかどうか？
そういう資料が作れるか？」

常にこの問いを胸に持ちながらインプットすることで、インプットの中にアウトプットが生まれ、より集中しやすくなるのです。

オススメなのはパワーポイントやイラストで説明できるようになることです。

文字で説明するのではなく、絵として説明できるレベルまで自分の頭の中に入っていれば完全に理解しているも同然ですし、そのためにやってみようとすると、前のめりになって集中力が増します。

例3

「作業をする」

「ミスしやすそうなところを探す」

手を動かして仕事をする場合でも、「アウトプット」になりきっていない場合がありますね。

慣れてしまっていて体が勝手に動いてくれる状態。

頭の中を全く動かしていない状態で、無思考で行動している時というのは存在します。

これもある種の集中状態だと言えなくもないんですが、こういう時ほどミスが発生しやすいものです。

無思考だからこそ、ケアレスミスが起こりやすいというわけです。

こういう時の対策として、そしてちゃんと集中して思考するためにオススメなのが**「ミスしやすい場所を探す」**というものです。

先ほどの例1で「探す」という行為の重要性についてはお話しできたと思いますが、今回もそれと同じ理屈です。

間違いやすそうなところやミスが発生しやすそうなポイントというのを探しながら実践し、後から「ミスが発生しやすそうなポイントマニュアル」みたいなものが作れそうなレベルまでそれを考えてみます。

こうすることで、思考しながら行動することに繋がります。

これで、どんなにつまらない作業でも前のめりに集中することができるはずです。

実践編❷

アウトプットの見える化

さて、もう1つオススメの集中力を継続させる方法として、**「アウトプットの見える化」**という方法があります。

先ほどの第1章では「いかに目標設定するか?」ということをお話ししたと思うんですが、それを体系立てて、後から見直せるようにわかりやすく落とし込んでいくというやり方です。

アウトプットを「見える化」することで、やらなければならないことを明確化し、「次に何をやらなければならないか」もわかるようになるから物事がより単純でわかりやすくなるというわけです。

具体的な方法は、以下の通りです。

①まず、目標を決める。何をやりたいのかをしっかり考える。

第1章でお話しした通り、自分が長期的に考えて何をしたいのか考えて、そこから逆算できるようにするのです。

②その目標設定のために、大まかにまず何をやらなければならないのか、という大タスクを2〜3個考える。

「本を読む」「数学の勉強をする」「企画書を作成する」みたいな、大雑把にやらなければならないことの方向性を定めましょう。

③そしてその大タスクの項目に、具体的に何をしなければならないのかを数字をいれながら箇条書きベースで書いていきます。

「本を読む」なら「3冊読む」「企画書を作成する」なら「概要をA4 1枚にまとめる」「3人にチェックしてもらう」など、その大きな方向性の中で必要になってくるものを細かく定義していくのです。

④この大タスクをどれくらいの期間で終わらせたいかを考えて、割り算をしてどれくらいの分量を毎日終わらせたいかを考え、「小タスク」とする。

「300ページ3冊を90日で読むから、1日10ページ！」「わからないところを1冊30箇所くらいメモしたいから、1日1個はメモしよう」という風に、1日で何をやらなければならないかを、細かいタスクとして切っていくイメージです。

⑤その「小タスク」の中に、「アウトプット」の要素が少なければ、書き直した

り追加することでアウトプットの分量を増やす。

ここで忘れてはならないのは、先ほどの「アウトプット」です。小タスクは、全部インプットの要素で留めるのではなくアウトプットしなければならないことを認識して作っていきましょう。

⑥そして、それを1つずつ終わらせていく。終わった小タスクにはチェックを付けていき、時間内に全て終わらせることができるように努力する。

あとは実践あるのみです。その小タスクを毎日きちんと終わらせて、大タスクの完遂のために進めていくのです。

⑦これで全てのタスクを終わらせることができればクリア!

小タスクを全て終わらせれば大タスクを全て終わらせることになり、大タスクを全て終わらせられれば目標を達成できる……というわけです。
自分が今やっていることを全て目標に繋げられるようにしておくのです。

このような進め方をすることによって、**自分が今何をしているのか、どうしてそれをやらなければならないのかをより深く認識することができるようになります。**

つまりは自分の目の前のことに対して「納得」を得ることができるようになるということです。

それに加えて、やるべきことを「アウトプット」が盛り込まれている目標にすることができているので、より集中しやすくもなります。

僕は先ほど「楽しさを知るためには、始めはアウトプットがいい」ということを言いました。

この方法でアウトプットを進めていけば、一定の納得感を得てどんどん小タスクをこなしていくことに繋がります。

平たく言えば、とりあえず実践に落とし込みやすいというわけです。

その上で、この方法は「楽しさを見つける」というのにも特化しています。

結局、**自分が何に楽しさを感じるのかというのは誰にもわかりません。**

もしかしたらやってみたら意外と楽しいかもしれないし、目標に向かって頑張っているのが楽しいと思うかもしれませんし、小タスクのうちのいくつかに楽しさを覚えているのかもしれません。

そして、自分が一体何に楽しさを感じるのかを知るためには「細分化」が必要です。おそらくですが、ふつうに実践しているだけでは、「どれに」楽しさを感じているのかをなかなか言語化できないことの方が多いと思います。

この方法は、「小タスク」という細かいアウトプットが明文化されています。

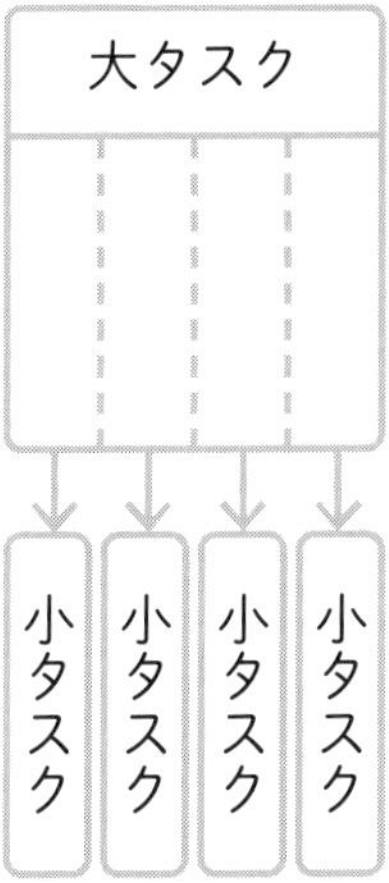

もし「あれ？　楽しいぞ？」と感じた時には、どの「小タスク」が楽しかったのかを考えてみればいいというわけです。

その上で先ほどポロッと言った通り、もしかしたら「目標に向かって頑張る」というこの行為自体に楽しさを感じる人というのも一定数存在するのではないかと思います。

事実、僕はそういう人間で、目標から逆算してどんどん一つ一つ進めていき、大きな目標を達成するという過程に楽しさを覚える人間でした。

そういう僕だからこそ、「集中できないな」と思うことがあったら、より大きな視野で自分のやっていることを見直します。

「目標に向かって頑張る」という過程にいるということを再認識した上で実践し、集中力を持続させているのです。

第2章のPoint

- ✔ 「楽しさ」はモチベーション維持の味方
- ✔ 「やってみて」はじめて楽しくなる場合が多い
- ✔ 楽しさを得る秘訣は「アウトプット」
- ✔ アウトプット前提の行動は物事の「選択」に繋がる
- ✔ インプットよりもアウトプットの方が集中に向いている
- ✔ アウトプットは「見える化」すると納得感をより得られる
- ✔ 「大タスク」と「小タスク」を分けて実行する

Column 2

アウトプットが嫌いな人が多い？

日本人は、アウトプットよりもインプットの方が好きな民族性があると言われています。外国だったら授業中にも会議中にも「はい！」と手をあげる人が多くて、自分の意見を主張することが得意な人間が多いのですが、日本人はそうではなく、「誰か、何か意見はありますか？」と聞かれてもしーん……としていることの方が多いです。

それよりも、日本人は人の話を聞いたり、本を読んだりして、自分の考えを深め物事を内省する方が好きだという人が多いです。自分の意見を主張したりアウトプットしたりするのではなく、自分の中で完結させて、和を乱さないようにする……。そういう人が多いのが日本人だと言われています。もちろんこの法則に当てはまらない人だってたくさんいるのでしょうが、全体として、外国と比較してそういう性質があるそうです。たしかに、「twitterを始めたはいいけど、何を呟けばいいのかわからない！」と悩む人って多いですよね。僕もそういうタイプなので、よくわかります。アウトプットするのって、インプットするのよりもハードルが高いのです。

しかし、それでもアウトプットには多くの効果があります。みなさんにお話しした通り、アウトプットの方が集中できるということもありますし、アウトプットを後から見直すことで、自分の行動をどんどん効率化し、結果を出せる方向に持っていくこともあります。

また、これは個人の感覚による部分もある話なので恐縮なのですが、アウトプットする方がテンションが上がるということは結構あります。自分が作ったものや自分が形にしたものが目の前に出てくると、なんとなく嬉しくなることってありますよね？　本はいくら読んでも「達成した！」という感覚が生まれにくいですが、問題や参考書を解いた後は「達成した！」と後から思い返せると思います。言葉として残り、モノとしても残せて、形になって現れる。アウトプットというのは、そういう良さがあるものなのです。

気分的に、アウトプットするのを億劫に感じる気持ちはよくわかります。でもそれって、始めの一歩のところで足踏みしているだけかもしれません。もしかしたら一歩踏み出してみたら、アウトプットしてみたら、見えてくるものが違っているかもしれません。

僕なんてアウトプットするのが苦手でたまらなかったのに、1冊本を出したら止まらなくなって、今や19冊本書いてますからね。最初の1冊とかめちゃくちゃ書くのに時間かかってて全然集中できなかったものですが、どんどんアウトプットが楽しくなっていって、今はもうガンガン出せるようになりました。みなさんも、一歩を踏み出してみてもらえればと思います。

「前のめり」かどうかをチェックする

チェックをすることで、
「自分の集中タイプ」に気付き、
集中力を段違いにあげることができる。

第3章

1 なぜ、チェックが必要なのか？

集中のための「別の手段」を考える

さて、ここまでで「どうやって前のめりになるか？」「どうやって前のめりな状態を継続させるか？」ということを語ってまいりました。

多分多くの方は、ここまででもうある程度「集中」を実践できるところまで到達できたのだと思います。

しかし、まだもう1つ残っていることがあります。もう一歩、前のめりに集中するためにはもう1つ大きなテクニックを身につける必要があるのです。

それは何かというと、**「チェック」**です。
自分が本当に集中できているのかどうかを、チェックする必要があるのです。

ここまでお話ししてきた上でこんな話をするのは大変恐縮なのですが、僕がいくら集中力について語っても、ぶっちゃけた話「自分が集中できているかどうか」なんて、正確にはわからないですよね？

集中している時って「自分が集中していること」に気が付かないものです。
むしろ気付いているということは、目の前に存在すること以外のことを考えている状態に他なりませんから、「集中」しているとは言えない状態だと思います。

また、だからといって集中した後に「自分今めっちゃ集中したなあ！」と感じられるということだって稀ですよね。
そうした瞬間が人生の中でたくさん存在するという人って、実はなかなかいないと思います。

僕は「前のめり」という言葉を「自然に能動的になっている状態」だとご説明してきましたが、「自然に」というのは「なかなか意識することができない」ということに他なりません。

意識的にできないからこそ集中であり、だからこそ集中するのって難しいんです。だって、意識的に技術でどうにかできる以上のことが要求されているわけなんですから。

だからこそやらなければならないのは、自分が集中できているかどうかのチェックです。事後的に、きちんと自分が集中できていたかどうかを調べる必要があるのです。

「調べてどうするのか？」といえば、答えは簡単。

もし集中できていなかった時のための別の手段を考えてみるのです。

実践したことを振り返って、もし集中できていないのであれば他のやり方ができるようにしてみるのです。

チェックは「自分の集中タイプ」も理解できる

「自分の集中を振り返ってみる」

この章ではこれが大きなテーマになるわけなのですが、振り返るのは「自分が集中できていたか・できていないのか」なんていう短絡的なものだけではありません。

それを通して、「自分の集中タイプ」も理解できるようになるのです。

振り返りを通じて、自己認識を深めていくことで、より「前のめり」になることができるというわけです。

ピンと来ない方の方が多いと思うので、具体例をあげます。

例えば物事を実践しようとする時、人間は実は次のような2つのパターンに分けられます。

1つ目は、『慎重派』

「実践するまでは長いけど、実践してからは集中できる」というタイプです。

「やろうかな？　やらないかな？」「やって後悔しちゃうんじゃないかな？」「ちゃんと考えてから決めたいな」と、やる前にすごく悩んでしまうというのです。

こういう人は、やり始めるまではすごく時間がかかってしまうので工夫が必要ですが、やり始めてからは非常に集中して物事に取り組むことができます。

2つ目は、『行動派』

「実践するまでは短いけど、実践してからは続かない」というタイプです。

「よし！　やってみよう！」と挑戦するのは非常に早いのですが、しかしやり始めてから「やっぱりなんだかつまらないな」「なかなか集中できない」「もうやめちゃおっかな」と、どんどんやる意味を感じなくなっていき、三日坊主になってしまうのです。こういう人は、集中して何かに取り組むためには工夫が必要ですが、実践するまでのハードルは非常に低いので第一段階は楽に行うことができます。

さて、みなさんはどちらのタイプでしょうか？
実はこれ、東大の入試問題でも出題されているんです。

2015年の英語の第2問で、

1.「Look before you leap.（挑戦する前にはよく考えろ）」
2.「You who hesitate is lost.（躊躇《ためら》ってたらチャンスを失うぞ）」

という2つのことわざのうち、どちらが自分にとっていいアドバイスか考えて英語で答えなさい……という問題が出題されています。

この問題は実は、集中力を高めて前のめりな姿勢になるための大きなヒントを含んでいます。

第1章で僕は「論理」と「感情」についてお話ししましたが、ここでも同じように「慎重派」と「行動派」では対策が明確に分かれるのです。

例えば行動派なのであれば前者のアドバイスの方がためになるわけなので、行動する前に色々考えておくことで行動した後も集中できて物事を継続できるかもしれません。

逆に慎重派であれば後者のアドバイスの方がためになるので、行動してから考えることを決めてとりあえず集中するべきものがなんなのかを素早く選ぶことをやってみると、より楽に集中状態に入れるかもしれません。

「別に自分のタイプとか関係なく、集中すりゃいいんじゃないの？」

と思うかもしれないのですが、実はそういかないんです。

集中力というのはかなり「内面的」なもので、人によって合う・合わないというのは明確に違ってきます。

内側から考え方を変える

外見とか行動を変えるだけでは意味がなくて、人間の内側から考え方を変えていく必要があるわけです。

だからまずは、みなさんも自己理解を深めて自分がどっちのタイプなのかを知っておきましょう。

自己理解を深めれば、「どう対処すればいいのか？」をより深く考えることができるようになります。

世の中いろんなアドバイスがあって、いろんな考え方がありますが、「集中力」というのは自己理解を深めることによって見えてくるものが非常に多く存在します。

だからこそ自己理解を深めておくことには大きな意味があるのです。

2 自己理解のためには、アウトプットが一番！

自分を知ればより集中できる

そして、自己理解をするために必要なものこそが、アウトプットなのです。

先ほど僕は「アウトプットは形に残る」という話をしましたが、形に残るということはそこから自分のことを判断できるようになるということに他なりません。

例えば「この分野、自分わかってるのかな？」と考えた時にみなさんはどうやって判断しますか？

多分、わかっているかどうかをテストすることで判断すると思います。

問題が解けているのであればわかっている可能性が高いと判断できますし、解けていないのであればわかっていないと判断できますよね。つまりは、全てアウトプットの結果を見て判断するわけです。

性格や自己認識というのも同じことです。自分のことを全部わかっている人間なんていません。むしろ、自分のことだからこそ見えていないことだって多く存在します。

それでも自己認識をするためには、とにかく「アウトプット」して、そこから判断する他ないのです。

「ああ、俺こういう行動とったってことは、やっぱりこういうことが気になる性格なんだなあ」

「これ、自分では意図してなかったけどいい結果が出たな。私、こういうの向いているのかも」

そんな風に、アウトプットを振り返ることで自己認識をより深めていくことができるようになるのです。

例えば先ほどの例で言えば、「自分は慎重派だ」と思っている人でも、実は何かを実践してみたら三日坊主になってしまって「あれ？　自分は本当は行動派だったのか？」となることもあると思いますし、その逆で「行動派だ！」と思っている人でも実はなかなか物事に着手することができなくて「もしかして自分は慎重派だったのかもしれない……」となることもあると思います。

人間は自分の姿を完全に見ることはできません。

自分の顔や自分の全体像を見ることは不可能です。それでも見たいのならば、鏡を使うしかありません。

それと同じように、集中したいのであれば、自分のことを正しく認識したいのであれば、アウトプットという鏡を利用する他ないのです。

Column 3

慎重派と行動派

「なるべく早く」の解釈が違う？

あなたは、「この仕事『なるべく早く』やっといて！」と上司が言ったら、いつ仕事をするでしょうか？　言われたら直後に、遅くても1時間以内に終わらせますか？　それともその仕事の締め切りの1日前くらいに終わらせるでしょうか？

この質問の答えは、慎重派と行動派とで分かれます。行動派の人は前者を、慎重派の人は後者を選ぶ傾向が強いです。慎重派と行動派で、「なるべく早く」という言葉の受け取り方は変わります。「本当にすぐに、直近で終わらせないと！」と考えるのは行動派で、「なるべく」なんだから1日くらい早めればいいんじゃない？と考えるのは慎重派です。行動派はパパッと仕事を終わらせることが得意な人間であり、逆に慎重派というのはきちんとあらかじめ決めた通りに動きたい人のことです。突然「なる早」と言われても困る、という人が大半なのです。ここからわかるのは、行動派と慎重派の得意なことと苦手なことです。慎重派の人間というのは、長期的な仕事をする時には集中できますが、短期的な仕事をする時にはなかなか集中できません。長くかかる仕事や時間のかかる計画を推し進めようとする時、ガンガン自分の気分に合わせてやる人間よりもきっちりスケジュール通りに進める人間の方がうまく進められるものです。逆に、短く終わらせやすいものであっても、パパッとその場ですぐ動いて行動することは難しい人が多いです。行動派の人は長期的な仕事をする時には集中できませんが、短期的な仕事をする時には集中できることが多いです。パパッと終わらせる時にはすぐに集中できるけど、スケジュール通りにやるとか、終わったという達成感がすぐには得られないような仕事は集中できないわけです。

このように慎重派と行動派は得意なことも苦手なことも二つに分かれるわけですが、そうは言っても世の中に出ると慎重派でもパッと終わらせなければいけないこともありますし、行動派でも長期的な仕事をしなければならないこともあります。そういう場合、どうすればいいのでしょうか？　行動派の人にオススメなのは「長期的な仕事でも、一気に終わらせる」というものです。スケジュール通り行うことが難しいなら、一気に終わらせてしまえばいいのです。1週間でちょっとずつやるのではなく、1日「この日で終わらせよう」という日を決めてみましょう。「夏休みの宿題」は、毎日少しずつ終わらせてもいいですが、行動派の人にはそれは難しい。それなら、夏休みが始まると同時に進めていき最初に一息で終わらせればいいのです。そう決めて進める方が、行動派の人は集中しやすいです。

慎重派は逆に、「計画の中に、突発的な仕事を片付ける時間を作る」ということをしておくのがおススメです。例えば僕は行動派な人間なのですが、時と場合によっては慎重派なところもあります。なので、毎日20時～20時半の間には今日一日の中で突発的に発生したタスクを終わらせることを決めています。時間を決めて、突然発生した仕事をきちんとこなす時間を作っておいているのです。

逆に、この時間にやるべきことがないなら、その時はこれ幸いと休んでいます。あらかじめ予定で組み込まれているから、動きやすいのです。

自分がどちらのタイプなのか、何が苦手で何が得意なのか自覚し、適切な集中ができるようになりましょう！

実践編 ❶

アウトプットから振り返るタイプ分け

ということで、まずはアウトプットから「自分のタイプ」を見つけ出す方法を提案させていただきます。

集中する時に必要な自己認識は主に3つあります。

まず1つは、第1章で紹介した

「右脳タイプ VS 左脳タイプ」

です。

これは、自分の中で納得するために必要な自己認識であり、根本的な自分の考えに密接に関わる部分なので絶対に外してはいけない部分です。

これに関しては第1章でもうご説明したので割愛するのですが、次の2つは「アウトプット」を考える上で必要なものです。

2つ目は、

「慎重派VS行動派」

です。

やり始めてからは早いがやり始めるまでが大変なタイプか、やり始めるまでは早いがやり始めてからが大変なタイプとの2択ですね。

自分がどちらか知りたいときには、先ほどの「アウトプットを振り返る」という手法を一度実践してみてください。

これをやってみて、

・「計画を立てる」「アウトプットをどう作るかを考える」というのが楽しいと感じるなら……

▼その場合あなたは「慎重派」です。やり始めるまでに時間をかけたいタイプです。

・「立てた計画を見直す」「アウトプットして小タスクがクリアされていく」ということが楽しいと感じるなら……

▼その場合あなたは「行動派」です。やり始めるまでに時間がかからないタイプです。

慎重派の傾向として、「計画を立てる」のが楽しいと感じるというものがあります。

これは悪いことではなく、きちんと自分の中で納得のいく計画が作れるのであれば、計画を立ててからは行動派よりも集中が続くと思います。

対して行動派の傾向として、「計画を後から見直す」のが楽しいと感じるというものがあります。とりあえずやってみて、その結果として自分がやったことが積み重なっていくのをみると「楽しい」と感じるのです。

三日坊主を予防する手段としてオススメなのもこれで、ちゃんと「自分がやったことが積み重なっていくんだ！」という感覚があると「もっとやろう！」という気になりやすいです。この2タイプの対処法を覚えておいてください。

さて、3つ目のタイプは

「努力型VS効率型」

です。

努力に価値を感じて、よりたくさん頑張ろうとするタイプが努力型で、逆に努力に価値を感じず、もっと効率的にできないかどうかを考えるタイプが効率型です。

一般的に、集中力が続く人というのは「努力できる人」だというイメージがあります。

努力家の方が優秀で集中していて、努力できない人は集中に向いていない……と思われがちです。

しかし実は、**「努力できない」というのは「無駄なことをせずに効率的に行動できる」という能力があることも示しています。**

つまり、「無駄な努力をせずに自分のやることを取捨選択する」という集中においてすごく必要なことができるのが、「効率型」なのです。

東大生も、努力型の学生と効率型の学生、半々ぐらいに分かれます。

無駄な努力はしない！　と必要最低限の勉強時間で合格する学生もいれば、その逆でがっつり努力して東大に受かる学生もいます。

面白いのは、他のタイプと違ってこの2つのタイプだけは、自分とは別のタイプの行動を取る方が良かったりします。

努力できるのであれば、逆にその努力を効率化する手段を考える。

効率的に考えられるのであれば、逆にそれを継続して努力できるようにしてみる。

どちらのタイプの集中も意義があります。

そして意義があるものだからこそ、自分に合っていない方を試してみることもこのタイプにおいてはいい効果を生みます。

自己認識した後に、もう片方も試してみるといいでしょう。「努力型」はより効率的に、「効率型」はより継続的に。そういう思考で何かに取り組むのがいいと思います。

2×2×2で合計8パターンを、次のページからまとめてみました。

自分のパターンを確認してみましょう。

あなたの「集中タイプ」の確認

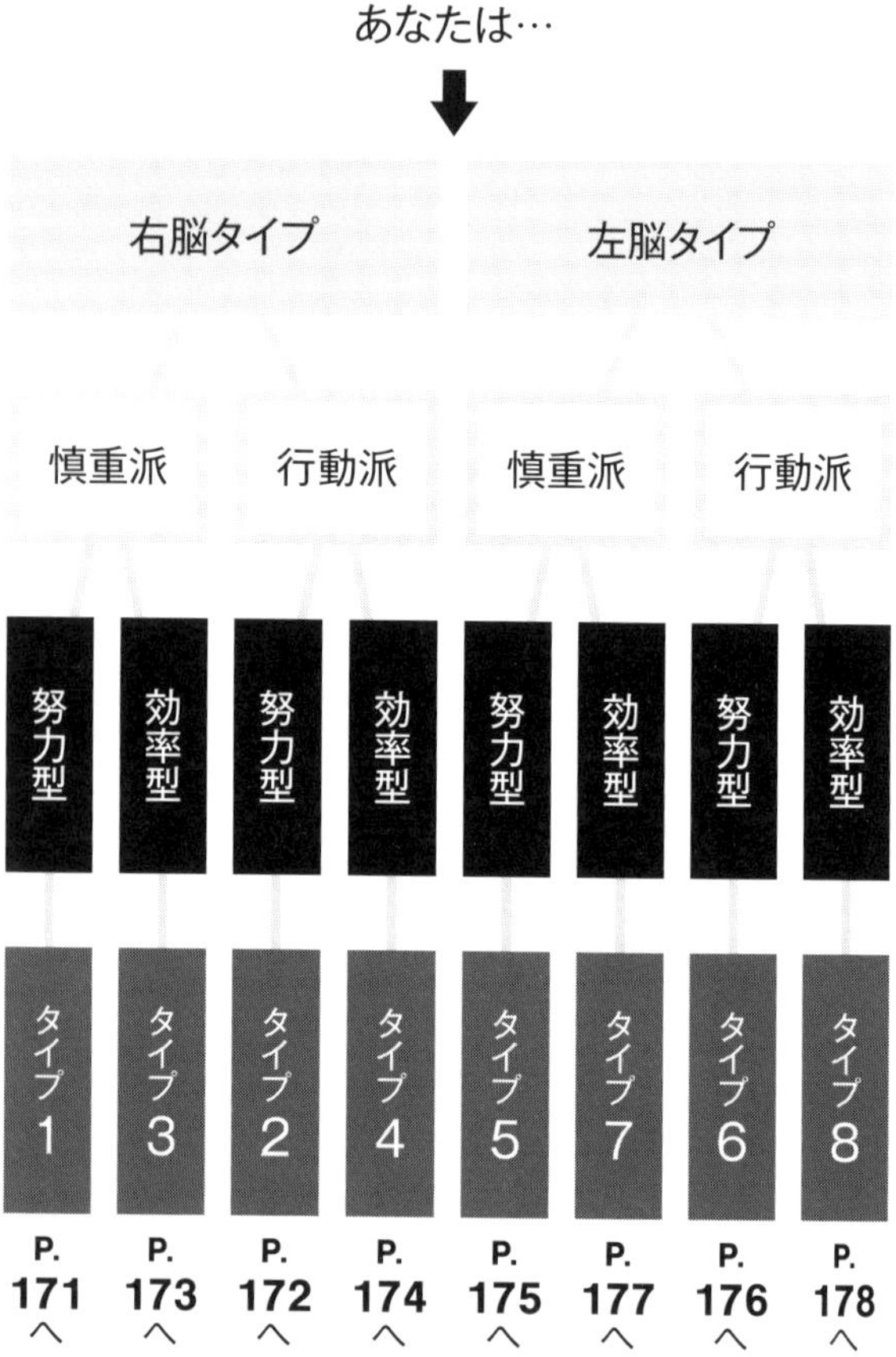
あなたは…
右脳タイプ
左脳タイプ
慎重派
行動派
慎重派
行動派
努力型
効率型
努力型
効率型
努力型
効率型
努力型
効率型
タイプ1
タイプ3
タイプ2
タイプ4
タイプ5
タイプ7
タイプ6
タイプ8
P.171へ
P.173へ
P.172へ
P.174へ
P.175へ
P.177へ
P.176へ
P.178へ

タイプ1のあなたへ

特徴

- 物事を感情的に考える癖がある
- 実践するまでは長いが、実践してからは集中できる
- 努力に価値を感じ、たくさん頑張ろうとする

集中力を高めるには?

1 音楽や趣味の力を借りて、気分を向上させるための手段を考える
2 行動してから考えることを決め、集中するものを素早く選び取る
3 努力を効率化する手段を考えてみる

タイプ2のあなたへ

特徴

- 物事を感情的に考える癖がある
- 実践するまでが早い
- 努力に価値を感じ、たくさん頑張ろうとする

集中力を高めるには?

1 音楽や趣味の力を借りて、気分を向上させるための手段を考える
2 自分の行動の記録をとっておく
3 努力を効率化する手段を考えてみる

タイプ3のあなたへ

特徴

- 物事を感情的に考える癖がある
- 実践するまでは長いが、実践してからは集中できる
- 無駄な努力が嫌いで自分のやることを取捨選択する

集中力を高めるには?

1 音楽や趣味の力を借りて、気分を向上させるための手段を考える

2 行動してから考えることを決め、集中するものを素早く選び取る

3 継続的に努力する手段を考えてみる

右脳 × 行動 × 効率

タイプ4のあなたへ

特徴

- 物事を感情的に考える癖がある
- 実践するまでが早い
- 無駄な努力が嫌いで自分のやることを取捨選択する

集中力を高めるには?

1 音楽や趣味の力を借りて、気分を向上させるための手段を考える
2 自分の行動の記録をとっておく
3 継続的に努力する手段を考えてみる

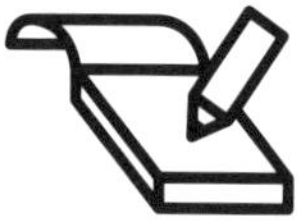

タイプ5のあなたへ

左脳 × 慎重 × 努力

特徴

- 物事を合理的に考える癖がある
- 実践するまでは長いが、実践してからは集中できる
- 努力に価値を感じ、たくさん頑張ろうとする

集中力を高めるには?

1 合理的な納得を得るため目的をはっきりさせる
2 行動してから考えることを決め、集中するものを素早く選び取る
3 努力を効率化する手段を考えてみる

タイプ6のあなたへ

特徴

- 物事を合理的に考える癖がある
- 実践するまでが早い
- 努力に価値を感じ、たくさん頑張ろうとする

集中力を高めるには?

1 合理的な納得を得るため目的をはっきりさせる

2 自分の行動の記録をとっておく

3 努力を効率化する手段を考えてみる

タイプ7のあなたへ

左脳　慎重　効率

特徴

- 物事を合理的に考える癖がある
- 実践するまでは長いが、実践してからは集中できる
- 無駄な努力が嫌いで自分のやることを取捨選択する

集中力を高めるには?

1 合理的な納得を得るため目的をはっきりさせる

2 行動してから考えることを決め、集中するものを素早く選び取る

3 継続的に努力する手段を考えてみる

タイプ8のあなたへ

特徴

- 物事を合理的に考える癖がある
- 実践するまでが早い
- 無駄な努力が嫌いで自分のやることを取捨選択する

集中力を高めるには?

1. 合理的な納得を得るため目的をはっきりさせる
2. 自分の行動の記録をとっておく
3. 継続的に努力する手段を考えてみる

実践編❷

アウトプットから振り返る言い訳作り

さて、自分のタイプが理解できたところで、今度はそれを元にアウトプットを具体的に見直していきましょう。

先ほどの第2章で、「アウトプットを見える化する方法」というのを提案させていただきました。

そこでは目標から逆算して「小タスク」というものを作り、それに沿って自分のやることを明確化していくという手法を紹介しましたが、実はあの「小タスク」にはもう1つ大きなメリットがあります。

それは、「アウトプットを振り返りやすくする」ということです。

具体的に見ていきましょう。

①まず、先ほどのアウトプットを見える化する方法の中で、「終わらなかった小タスク」や「時間がかかってしまった小タスク」をピックアップする。

大タスクで大雑把に見ていくのではなく、小タスクで細かく見ていくのがオススメです。

その小タスクを、どうして終わらせることができなかったのかの理由を考えてみましょう。

②それがどうして終わらなかったのか、自分の中で理由を追求してみる。その際、自分のタイプを認識した上で努力してみる。

ダメだったアウトプットを振り返るのです。

そのダメだった理由をきちんと見つけてみるように努力してみましょう。

右脳タイプと左脳タイプ、慎重派と行動派、努力型と効率型……2×2×2で8種類のタイプが存在します。

そのどれもが少しずつ違っており、どうして失敗したのか？　を考える上で重要な視点になります。よく認識しておきましょう。

③その上で、今ある小タスクやこれから作る新しい小タスクは、そのダメだった理由を踏まえて考え直してみる。

「俺左脳派なのに論理的に納得できてなかったな！」となったら、目標からより合理的に設定できるように取り組んでみたり、「俺は感情的だから、競争できるような要素を取り入れてみよう！」としてみたり、「効率的にやろうとしすぎたな、もっと小タスクの数を増やしてみよう」としてみるのもいいです。

とにかく失敗から学んで、もっと成功率の高い目標を立ててみましょう。

よく勘違いされがちなのですが、「言い訳をする」というのは実は非常にポジテ

イブな行為です。

自分がどうしてできなかったのか？　何がいけなかったのか？

そういうことを言語化しておくことで、次に同じミスを繰り返すことがなくなります。

一般的にはそういうことを考えるのは「くよくよしている」みたいなイメージを持たれがちですが、そう考えているからこそ同じ失敗を繰り返してしまいます。

集中というのは非常に内面的なものだとお話ししましたが、だからこそ同じところで失敗しがちだということでもあります。

集中できないのは、自分の中で同じところで引っかかっているかも知れなくて、それを知るためには「言い訳をする」ということをやってみるのは有効な手立てだったりするのです。

この振り返りを通して、「言い訳をする」という行為を繰り返していくと自分の行動がブラッシュアップされ、より集中しやすくなるのです。

集中というのは不思議なもので、大タスクに対して納得していて「やろう！」という気になっていても、**小タスクのほんの一部分が気に入らなかったり難しかったりすると「やろう！」という気が薄れてしまうということがあります。**

企画書を作るのは楽しいんだけど、企画の細かいところを詰めるのには全く集中できない……みたいなことは結構ある話です。

東大生にもこのタイプは非常に多くて、「ここの、この一部分だけめちゃくちゃ気に入らないから気乗りしない！」みたいなことを言う友達が僕の周りには非常に多いです。

でも、その気持ちも何となく理解できます。

「画竜点睛《がりょうてんせい》を欠く」とも言いますが、ほんの一部分が引っかかって全てがダメになることって意外と多いのです。

みなさんが集中できないとき、もしかしたらほんの一部分が引っかかっていてダメになっている可能性というのはあって、逆に言えばそこさえ直してしまえばあとは何とかなることもあるのです。

この振り返りは、自分のタイプに合わせてそれを発見する行為に他なりません。そして、それによって行動がブラッシュアップされていけば、より一人一人に合った「前のめり」ができるようになります。

個人個人に最適化された集中をすることができるようになるというわけです。

また**オススメなのは、積極的にアウトプットを人に見てもらうというものです。**自分が立てた今までの目標やタスクの記録・その結果も含めて、他人に見てもらうのです。

学生なら先生に、会社員なら上司や同僚に、自分がどのように行動したのか、この章で書いた内容を全部公開して、コメントをもらうのです。

この方法は、実は東大生がよく活用していた方法です。

特に塾に通っていない人は、学校の先生に自分の勉強の記録やノート、アウトプットを全て開示するというやり方をしている人が多かったです。

先生に見てもらってコメントをもらい、それを次の勉強に活かす……。

自分1人でやっていたら独り善がりになってしまうかもしれない部分を、うまく先生に見てもらうことで修正していたのです。

実は**「他人の目線が入る」というのは多面的な効果があります。**

募金箱や工事現場の機械に「目」のシールを貼ると募金の額が上がったり安全に対する意識が向上したり、いい効果が見込めることがわかっていますが、これと同じように「人から見られている」と他人の目を意識すると勉強にもより集中することができるのです。

単純に、「人から見られている」と思ったらサボることができなくなります。ちょっと緊張して、いつも以上に力を入れて行動できる場合もあります。

人間は、自分1人で勝手にやるよりも、誰かが見ている方が張り切る生き物。

ノートや回答も、あとから人に見られるという意識の中で書くのと、「自分だけがわかればいいや」という意識の中で書くのとでは書き方が全然違ってくると思います。

また、誰も見ていない家よりも人の目があるオフィスやカフェの方が勉強も仕事も捗る……ということは往々にしてあることです。

人の目がある方が、より深く集中することができる場合が多いのです。

そして「他人の目線が入る」ようにするということは、自分の仕事の進捗や仕事の効率を他人から評価してもらうということに他なりません。

自分の努力というのはどうしても自分では客観的に見ることができませんよね？主観的に判断して、効率の悪い方法をずっとやってしまっているけれどそれに気付けない……なんてこともあります。

それが、「他人の目線が入る」仕組みを作っておけば、主観的な判断ではなく客観的な評価ができるようになります。

そのアドバイスを参考にして勉強していけば、どんどん勉強の効率が上がっていき、改善を繰り返しながらレベルアップすることができるのです。

PDCAサイクルで言えば、先生の力を借りることで「Check」を積極的に行っていくというわけです。

そして「他人からの目線」によっていい刺激・フィードバックがあると、集中にも大きく繋がります。昨日と同じことの繰り返しを、たった1人で続けていくのはどんな人間でも難しいです。


しかし、他人の目線が入って、しかもどんどん良くなっている感覚があると、より「やってみよう!」「頑張ろう!」という意欲が湧きます。


第1章で「集中のためには納得が大事」とお話ししたのですが、同じことを続けていてその効果が見えにくいと、自分のやっていることに納得できなくなることがあります。

「これ、やっても意味あるのかな?」と。

しかし、他人から客観的に評価してもらえる場があれば、「こうやればいいんだ！」「今度はこうしてみよう！」という創意工夫が生まれやすく、前のめりな集中を継続しやすくなるのです。

第3章のPoint

- ✔ 集中できていなかった時の別の手段を考えるため「チェック」は大切
- ✔ 「自分の集中タイプ」を理解しておく
- ✔ 集中のタイプは「8パターン」に分けられる
- ✔ パターンを知り、自己理解を深めれば集中力は段違い
- ✔ アウトプットから自己理解を振り返るのが効果的
- ✔ アウトプットを人に見てもらうようにする

Column
4

努力型と効率型
努力できなくてもいい？

実は人間の脳は、努力できる脳と努力できない脳に二分される……なんて言ったら、みなさんはどう思うでしょうか？

「ええ!?　そんなバカな!?」「自分はもしかして努力できない方なんじゃ……」

そんな風に焦る人もいるかもしれませんね。

最近の研究で、脳の働きとして先天的に「努力を続け難いタイプ」と「努力を続けやすいタイプ」に二分されることが分かっています。アメリカ・テネシー州のヴァンダービルト大学の研究で、始めにお話しした報酬を求める「島皮質」の働きが強い人と、報酬がなくても続けることができる「島皮質」の働きがそこまで強くない人とがはっきり分かれることが実験によって明らかになっています。つまりは、努力できるかできないかは、生まれつきの要素として脳が決めていて、これを精神論で覆すことはできないのです。

……なんていうと、絶望的な気分になる人もいるかもしれません。「自分は、生まれつき頑張れない宿命なのか！」と。

でも、そうではないのです。というのは、そういう人の方が「効率的に努力する」ということが秀でているからです。

ぶっちゃけた話、世の中を変えるようなイノベーションというのは「面倒臭いから」「効率的にするためにはどうすればいいか」を考えた結果として生まれたものです。

仕事が面倒だから機械が作られて、物々交換が面倒だからお金が作られて、電話が面倒だからメールが作られたわけです。つまりは、より効率的に、より楽にやろうとする思考というのは決して悪いものではないのです。

効率的に努力したいというのも悪いことではなく、逆にその特質を活かした集中の仕方があるわけです。より楽に、より無駄を省いた行動をすることに関しては、「努力できないタイプ」の方が上手くできるということもあります。東大生も「最小限の努力で最大の結果を出したい」と思う人間は一定数存在し、努力ができない脳だからといってマイナスということは一切ないのです。

大切なのは、何度も強調している通り「自己認知」です。自分がどっちのタイプなのかをしっかり認識して、自分に合った集中を実行する。そういう姿勢を徹底することで、目の前のことに対してきちんと結果が出せる、いい集中状態を作ることができるようになるのです。

僕は効率派な人間なのですが、精神論で「頑張ろう！」と自分を鼓舞してがむしゃらに努力をしようと努めていた時期が長かったです（それで2浪もしてしまいました）。もちろんそれが無駄だったとは思わないのですが、効率的な方が自分に合っていると長い時間気付くことができずに苦労したなと感じます。みなさんも、自分がどちらなのか、しっかり自分と向き合って考えてみてください！

おわりに
「線を越えて」いこう

さて、ここまで『東大超速集中力』をお読みいただき本当にありがとうございました！

いかがでしたでしょうか？

集中して物事に取り組めそうでしょうか？

最後に、１つだけ、大切なことをご紹介させてください。

それは、**「とりあえずやるの原則」**です。

これは第1章の「レベル感を合わせる」の項目でもお話ししたことですが、前のめりになっている状態であれば、意外と始めにほんの少し簡単な力を加えればあとは勝手に集中できることがあります。

しかし、逆に一番大変なのは、「始めの一歩」だったりします。

極論してしまえば、この本を読めば、第1章で「どうすれば前のめりになれるのか」はわかってもらえたことと思いますし、第2章で「前のめりに集中し続けるためにはどうすればいいのか」はわかっていただけたことと思います。第3章で「前のめりをチェックするにはどうすればいいか？」ということも理解していただけたと思います。

この本全体を読んで、多くの読者の方は「前のめりに集中するためのテクニック」が身についたことでしょう。

しかし、それでもどうしても、この本でどんなことを語ったとしても不可能なのが、みなさん一人一人が「よし、やってみよう！」とするその気持ちを引き出すことです。

僕は偏差値35から2浪して東大に受かった人間なのですが、よくみなさんから言われるのは「どうやって勉強したの？」でも「ホントに偏差値35だったの？」でもなく、「え、いや、なんでその状況から東大に行こうなんて思ったの？」ということです。

「やろうと思う」という、最初の段階のその一歩が、一番ハードルが高いじゃないか、と。

実は集中力を阻害する一番の要因は、「自分にはできない」と思うことです。目標を立てる段階で「いや、これは自分にはできないだろう」と考えたり、やる前から「いや、これやっても意味ないじゃん」と報酬がゼロであると見積もってしまうというのが一番集中力を削いでしまうのです。

「自分でもできるかもしれないと考えて、とりあえずやってみようと思う」というのが、集中においてすごく大切で、一番大変なものなのです。

だから、「根拠なんてなくてもいいから、とりあえず自信を持って取り組もう！そうすれば集中できるよ！」というのも、１つのテクニックではあります。

事実、この本の取材の時に、何人かの東大生はそう語ってくれました。

でも、「根拠なく自信を持つ」って、実はそれも非常に難しいんですよね。

それができたら苦労しない、という人もいるのではないでしょうか？

さて、では僕はどうだったのかというと、まさか本当に東大に合格できるとは全く思っていませんでした。絶対無理だと諦めていました。

……いや、だって偏差値35ですよ？

無理に決まってるじゃないですか。

何度も諦めたし、諦めながら勉強して、諦めながら目指し続けていました。

2浪の時なんて一番酷くて。

もう2回落ちている上で挑戦しているので、「まあ多分落ちるだろうな」という思いを抱えながら、どんなにテストでいい点を取っても「結局最後はダメだろうな」とぼんやり考えながら、それでも目指していました。

今考えてみると、すごくわけのわからない心理状態だったなと思います。

でも、僕がオススメしたいのは、これなんです。

別に心のどこかでは諦めていてもいいです。

目標を達成できると考えられなくてもいいです。

それでも**「とりあえず目標を立てて、とりあえず一歩踏み出してみる」**。

「自分にはできない」とか、「どうせ無理だ」とか、そういうことを思わないようにするというのは難しいことです。

「頑張っても全部無駄になるかもしれない」とか、「ここで集中しようとしまいと、結果は同じだ」とか、そう思うことはよくあることだと思います。

でも、それでもいいんです。

それでも、目標を設定したのなら、「やる」と決めたのなら、最後までやりきる。

心のどこかで諦めていても、それでもだからこそ全力を出そうとする。

無理かもしれないし、無駄かもしれないけど、それでもだからこそ最後まで足掻いてみる。

僕は、偏差値35のときに学校の先生から「無駄かもしれないけど、それでもやりきること」の大切さを学びました。

それで東大を目指したのです。

僕はその時の学校の先生の話をよく覚えています。

「実は人間は、ある一本の線で囲まれている」という話でした。

その線の名前は、**「なれま線《せん》」**というそうです。

僕「……ダジャレじゃないですか」

先生「そうだな。でもこの線は、たしかに存在しているんだ。例えばお前、幼稚園の時とか小学校の時とか、何かなりたいものはなかったか？　サッカー選手とか、野球選手とか、宇宙飛行士とか、なりたいものがあって、やりたいことがあって、頑張ればきっとなれると思ってたんじゃないか？」

僕「うーん……、そうかもしれないです」

先生「でも、大人になるにつれて、どんどんこういう夢が消えていく。宇宙飛行士にはなれそうもない。サッカーはもっと上手い奴がいる。野球は才能がないらしい。そうやって、『なれない』ものが増えていく。すると、そんな線はずっと向こうにしかなかったはずなのに、どんどん自分の方に『なれま線』という線が近付いて来るんだ」

僕「……」

先生「人間は、その線から外には出られなくなる。自分から線を引いて、そこから一歩踏み出そうとしなくなる。その線の向こう側は、『どうせ無理だから』『やっても無駄だから』と線から先には出なくなる」

僕「……たしかにそうですね」

たしかに、自分から「ここまで！」と決めて、そこから先は「無理！」と決めて、その線の先のことにはなかなか集中できない、やる気もぜんぜん起きない、ということはかなり多いのだと思います。

事実、僕もそうでした。

勉強しようとしても、「どうせやっても無駄なんだろうな」と考えてしまって、結局集中できない……なんて経験を、ずっと続けてきていたからです。

先生「でも、その線は幻想なんだ」

僕「幻想?」

先生「幻であり、初めから存在しないもの。自分で引いた線だから、そこに何かがあるように感じてしまうけど、本当はそこには何もない。そういうものだ」

僕「……ないんですか、線」

先生「ないよ。自分の陣地を勝手に決めて、そこから動かないでいるための言い訳でしかない」

僕「うーん……」

先生「人間、動けば何かにぶち当たる。自分の陣地を越えて、頑張っていれば、何か得られるし、同じように陣地を飛び越えた人とも出会える。たとえ前に進めなかったとしても、後ろだろうが横だろうが、人間は動いていれば次の何かに出会える。一番問題なのは、動かないことそれ自体だ」

「動かないこと」。初めから線を決めて、そこから先に進むことを諦めて、なんの行動もしないこと。

それが愚かなことで、とにかく動いてみることが大切なのだと、僕はその時初めて実感したのです。

だから、僕もみなさんに同じことを言います。

集中しても無駄になるかもしれないし、達成したい目的・理想としている状態に行き着くことはできないかもしれないですが、それでもいいんです。

線を越えて何かのために集中したら、それが無駄になることはないんです。

僕はこの本で「自分で目標を決める、『選択すること』それ自体が能動的なものなんだ」とお話ししました。

きっと、目標を決めて、無駄になるかもしれないけど集中して実践することは、「線を越える」という行為なんだと思います。

そしてその線を越えようとするとき、人間は自然と前のめりになっているのだと思います。


能動的に自分で選択して線を越えた時、人は前のめりになって、何にでも集中できるようになっているのです。


だからこそ、とりあえずやってみましょう。

たしかに無駄になるかもしれないし、意味がないかもしれないし、結果なんて見えているかもしれませんが、それでも何もしないよりはマシです。

意味があるかないかなんて、後から考えればいいんです。

その場で立ち止まらなければ、きっとどこかには行き着けるはずです。みなさんの周りには「線」はないんです。

なんだってできるし、きっとなにかを成し遂げられるはずです。

諦め半分でもいいいんです。

無理だと思っていてもいいいんです。

それでも行動して見ようとすることそれ自体に、意味があるのです。

そして、行動していれば、必ず集中することができます。

みなさんは今、坂の上にあるボールです。この本のテクニックを駆使すれば、なんの力もかけずに自然と転がっていくことができます。自然と、前のめりに集中できるはずです。

大切なのは、最初の一押しです。

その一押しは、みなさん一人一人が自分で押さなければなりません。

ぜひその一押しをしてください。そうすれば、集中できるようになるはずです。

みなさんが、やるべきことを決めて、最速で終わらせられることを祈って、筆を置かせていただきたいと思います。

ありがとうございました。

文庫化に寄せて

「東大超速集中力」文庫版をお手にとっていただいて、ありがとうございます。

集中力、というテーマは時代を超えて普遍性のあるものだとも思いますが、今の時代こそ必要なものなのかもしれないと思います。

今の時代は、情報も機会も、物も本も、いろんなものがありふれている時代だと思います。スマートフォンでいろんな情報に触れることができ、いろんな選択肢がありふれています。

そしてだからこそ、「集中」という行為が難しくなった時代だと言えます。選択肢が多いということは、1つのことに絞って努力しようと考えることが難しい時代になったということでもあります。

「これしかない！これだけやればいい！」ということはなく、また何か集中しようと思っても「ちょっとスマホを弄ろう」と思ってしまう人も多くなってしまっています。

何かに集中しにくくなった時代。

それがこの令和の時代だと言えるかもしれません。

そんな今こそ、集中に対する正しい知識が必要なのではないか、と僕は常々考えております。

そして正しい知識を持って物事に集中する術を学べば、いろんな物事がうまくいくようになります。勉強でも仕事でも、何かの物事に対して本気で取り組むためには「集中」が必要なのです

努力することは、自分のことをより高いステージに持っていくことを意味します。そしてそのために必要なのは、集中です。自分がいつも分散させてしまっている意識を、一つのものに向けて、努力を積み重ねる。今の自分よりもいい自分になるためには、集中が必要なのです。

僕もそうでした。偏差値35だった自分が東大に行くための努力をいかにして積み重ねたかと言えば、それこそが「努力」であり「集中」でした。

一つのものに邁進し、努力を積み重ね、他にはない成果を得られるように努力する。そういう行為は、どんな人にとっても平等に価値のあるものだと思います。

文庫化されて、自分のことをより研鑽できるような人が多く増えれば、こんなに嬉しいことはないと思います。

本作品は小社より二〇一九年九月に刊行された『東大集中力』を改題し、再編集して文庫化したものです。

西岡壱誠（にしおか・いっせい）

東京大学経済学部4年生。歴代東大合格者ゼロの無名校のビリだったが、ひょんなことから「偏差値35からの東大受験」を決意。しかし勉強へのモチベーションが続かず、2浪が決まり危機的状況に陥る。

自己認識をあらため、どのようにすれば勉強に没頭できるか試行錯誤した結果、集中力を圧倒的に高めることに成功し、あらゆる科目の成績が飛躍的に向上。東大模試全国4位を獲得し、逆転合格を果たす。

現在は、人気マンガ「ドラゴン桜2」（講談社）コンテンツ統括理事長 兼 東大生チーム「東龍門」リーダーを務める他、2019年5月にリリースされた勉強系webマガジン「Study-Z」の編集長を務めるなど、多方面で活躍している。

著書にシリーズ累計40万部突破の『東大読書』『東大作文』『東大思考』（ともに東洋経済新報社）など多数。

【著者エージェント】
アップルシード・エージェンシー

だいわ文庫

仕事《しごと》と勉強《べんきょう》の成果《せいか》が変《か》わる！
東大超速集中力《とうだいちょうそくしゅうちゅうりょく》

著者 西岡壱誠《にしおかいっせい》

二〇二二年一月一五日第一刷発行

発行者 佐藤 靖
発行所 大和《だいわ》書房
東京都文京区関口一-三三-四 〒一一二-〇〇一四
電話 〇三-三二〇三-四五一一

フォーマットデザイン 鈴木成一デザイン室
本文デザイン 荒井雅美（トモエキコウ）
本文印刷 光邦
カバー印刷 山一印刷
製本 ナショナル製本

ISBN978-4-479-30898-0
乱丁本・落丁本はお取り替えいたします。
http://www.daiwashobo.co.jp